Research on the Influencing Factors of Knowledge Team Members' Knowledge Hiding and the Underlying Mechanisms

国家自然科学基金项目成果·管理科学文库

知识型团队成员知识隐藏的影响因素及其作用机制研究

潘伟 著

中国财经出版传媒集团
经济科学出版社
Economic Science Press

图书在版编目（CIP）数据

知识型团队成员知识隐藏的影响因素及其作用机制研究/潘伟著.—北京：经济科学出版社，2021.11
（管理科学文库）
国家自然科学基金项目成果
ISBN 978-7-5218-3059-0

Ⅰ.①知⋯ Ⅱ.①潘⋯ Ⅲ.①知识管理-研究 Ⅳ.①G302

中国版本图书馆 CIP 数据核字（2021）第 230483 号

责任编辑：崔新艳
责任校对：孙　晨
责任印制：范　艳

知识型团队成员知识隐藏的影响因素及其作用机制研究
潘　伟　著

经济科学出版社出版、发行　新华书店经销
社址：北京市海淀区阜成路甲 28 号　邮编：100142
经管中心电话：010-88191335　发行部电话：010-88191522
网址：www.esp.com.cn
电子邮箱：espcxy@126.com
天猫网店：经济科学出版社旗舰店
网址：http://jjkxcbs.tmall.com
北京季蜂印刷有限公司印装
710×1000　16 开　11.5 印张　190000 字
2021 年 12 月第 1 版　2021 年 12 月第 1 次印刷
ISBN 978-7-5218-3059-0　定价：58.00 元
（图书出现印装问题，本社负责调换。电话：010-88191510）
（版权所有　侵权必究　打击盗版　举报热线：010-88191661
QQ：2242791300　营销中心电话：010-88191537
电子邮箱：dbts@esp.com.cn）

国家自然科学基金项目成果·管理科学文库
出版说明

经济科学出版社自1983年建社以来一直重视集纳国内外优秀学术成果予以出版。诞生于改革开放发轫时期的经济科学出版社，天然地与改革开放脉搏相通，天然地具有密切关注经济、管理领域前沿成果、倾心展示学界翘楚深刻思想的基因。

改革开放40年来，我国不仅在经济建设领域取得了举世瞩目的成就，而且在科研领域也有了长足发展。国家社会科学基金和国家自然科学基金的资助无疑在各学科的基础研究与纵深研究方面发挥了重要作用。

为体系化地展示国家社会科学基金项目取得的成果，在2018年改革开放40周年之际，我们推出了"国家社科基金项目成果经管文库"，已经并将继续组织相关成果纳入，希望各成果相得益彰，既服务于学科成果的积累传承，又服务于研究者的研读查考。

国家自然科学基金在聚焦基础研究的同时，重视学科的交叉融通，强化知识与应用的融合，"管理科学部"的成果亦体现了相应特点。从2019年开始，我们推出"国家自然科学基金项目成果·管理科学文库"，一来向躬耕于管理科学及相关交叉学科的专家致敬，二来完成我们"尽可能全面展示我国管理学前沿成果"的夙愿。

本文库中的图书将陆续与读者见面，欢迎国家自然科学基金管理科学部的项目成果在此文库中呈现，亦仰赖学界前辈、专家学者大力推荐，并敬请给予我们批评、建议，帮助我们出好这套文库。

经济科学出版社经管编辑中心
2019年9月

本书受到国家自然科学基金项目"组织中知识隐藏对知识互动主体间人际行为的影响机制研究：施害者—受害者视角"（项目编号：71901080）资助

前言
PREFACE

  知识经济时代，组建相应的知识型团队已成为现代组织管理知识员工最常见的方式。尽管知识型团队组建的初衷在于整合知识员工的专业性和异质性的知识与技能，从而开发知识密集型产品或提供知识密集型服务，然而知识员工常常对知识分享怀有抵触心理，知识型团队成员之间常常会彼此隐藏知识。调查研究显示76%的北美知识员工和46%的中国知识员工在工作中会对同事隐藏知识，团队内部每天大约有10%的知识转移事件之中存在知识隐藏，知识型团队成员之间的知识隐藏对个体和团队均会造成不利影响。知识型团队成员为什么会彼此隐藏知识？有哪些因素会诱发知识型团队成员的知识隐藏行为，其影响路径和边界条件是什么？本书在上述理论和现实背景下，围绕"知识型团队成员知识隐藏的影响因素及其作用机制"展开相关理论研究。

  本书由7个章节构成。第1章绪论主要阐述研究的理论和现实背景，并提出待解决的研究问题，总结了全书的研究目的和意义，并对本书涉及的几个核心概念进行界定，最后对全书的研究内容和研究方法进行简要介绍。第2章主要对国内外相关研究文献进行了系统性梳理，并进行了相应的评述。第3章为归纳导向的理论构建型研究，主要运用扎根理论的质性研究方法，通过深度访谈获取数据资料，借鉴系统科学领域中物理—事理—人理系统方法论的思想，将知识型团队成员知识隐藏的影响因素系统归纳为物理因素（知识属性因素）、事理因素（团队层面因素）和人理因素（知识互动双方因素）三个主范畴。通过深入分析三个主范畴对知识隐藏的作用路径，构建了知识型团队成员知识隐藏影响因素的整合模型（物理/事理/人理——知识隐藏整合模型，简称 WSR–KH）。第 4 章至第 6 章为演绎导向的假设检验型研究，主要基于知识权力理论、调节焦点理论和心理契约理论等，分别探讨了物理因素主范畴中知识社会属性——感知的知识所有权、事理因素主范畴中团队政治氛围以及人理因素主范畴中知识拥有者的人格特质——黑暗人格三合一对知识型团队成员知识隐藏的作用机制，构建了相应的概念模型，通过大样本的实证研究揭示了上述三个因素对知识型团队成员知识隐藏的影响过程机制及其边界条件。第 7 章总结了全书的研究结论和创新点，并对未来的研究展望进行了论述。

  本书的研究工作在一定程度上拓展和深化了知识隐藏的理论研究，且能够为相关研究提供有益的方法借鉴，对组织完善自身的知识管理实践活动，以及事前预防和削减知识型团队成员知识隐藏行为的发生具有重要的现实借鉴意义。

  本书在研究和写作的过程中参考了大量国内外相关学者的研究文献，在此，谨向各位同仁致以最诚挚的感谢！由于时间和精力有限，尽管笔者做出了最大的努力，但是本书仍然不可避免会有一些缺点和不足之处，恳请各位读者能够不吝赐教，以便笔者能够对本书所提出的观点和理论进行修正、补充和完善。

目录

contents

第1章 绪论 / 1

    1.1　研究背景及问题提出 / 1

    1.2　研究目的及研究意义 / 5

    1.3　核心概念界定 / 7

    1.4　研究内容与研究方法 / 12

第2章 国内外相关研究现状及评述 / 16

    2.1　知识隐藏的维度与测量研究现状及评述 / 16

    2.2　知识隐藏与知识保留、知识囤积的区别研究现状及评述 / 18

    2.3　知识隐藏与知识共享的关系研究现状及评述 / 19

    2.4　知识隐藏的前因变量研究现状及评述 / 23

    2.5　知识隐藏的结果变量研究现状及评述 / 32

    2.6　本章小结 / 34

第3章 知识型团队成员知识隐藏影响因素的整合模型 / 35

    3.1　扎根理论 / 35

    3.2　物理—事理—人理系统方法论 / 37

    3.3　研究方法与资料收集 / 38

    3.4　资料分析与模型构建 / 41

    3.5　模型阐释和研究发现 / 48

3.6　理论贡献和管理启示 / 55

3.7　本章小结 / 58

第 4 章　感知的知识所有权对知识型团队成员知识隐藏的作用机制 / 59

4.1　研究模型构建 / 59

4.2　理论基础 / 61

4.3　研究假设 / 64

4.4　研究设计 / 68

4.5　数据分析 / 71

4.6　假设检验 / 74

4.7　讨论与启示 / 82

4.8　本章小结 / 86

第 5 章　团队政治氛围对知识型团队成员知识隐藏的作用机制 / 87

5.1　研究模型构建 / 87

5.2　理论基础 / 89

5.3　研究假设 / 92

5.4　研究设计 / 95

5.5　数据分析 / 97

5.6　假设检验 / 100

5.7　讨论与启示 / 104

5.8　本章小结 / 107

第 6 章　黑暗人格三合一对知识型团队成员知识隐藏的作用机制 / 109

6.1　研究模型构建 / 109

6.2　理论基础 / 111

6.3　研究假设 / 115

6.4　研究设计 / 120

6.5 数据分析 / 122
6.6 假设检验 / 124
6.7 讨论与启示 / 131
6.8 本章小结 / 137

第 7 章 结论与展望 / 138

7.1 研究结论 / 138
7.2 研究展望 / 140

附录 / 143
参考文献 / 147

第1章 绪　　论

1.1 研究背景及问题提出

1.1.1 研究背景

1996年，经济合作与发展组织（Organization for Economic Co-operation and Development，OECD）明确提出，知识能够促进生产力的不断提高，推动经济长期、稳定的增长，世界已经进入知识经济时代。在知识经济体系下，知识员工成为这个时代的主角，如何建立有效的组织模式来管理知识员工，已成为现代企业管理的核心内容。正如彼得·德鲁克（Drucker P.，1999）所说："在20世纪，管理所作的最重要的也是唯一的贡献，就是把生产过程中体力劳动者的生产率提高了50倍；在21世纪，管理需要做出的最重要的贡献，是使知识工作和知识工作者的生产率得到同样程度的提高。"彼得·德鲁克（1999）同时指出提高知识工作者生产率的最有效方法就是以团队的形式来组织和管理知识员工。知识型团队在这样的背景下应运而生，被认为是组织管理知识员工的一项伟大变革（Katzenbach and Smith，1993）。在《财富》（*Fortune*）杂志评选的美国1000强企业中，有67%的企业采用了各种不同形式的知识型团队以应对和解决问题（Mohrman，Cohen and Mohrman，1995）。

知识型团队效能发挥的关键在于团队成员之间自由地进行知识交流与分享，从而产生1+1>2的知识协同效应（Cummings，2004）。然而，正如知识资源能够为组织带来经济利益和竞争优势一样，独占性知识也是员工在知识型团队中个人竞争力和不可替代性的来源，甚至是权力的象征（Scarbrough，

1999）。因此，知识员工常常对知识分享怀有抵触心理。① 最新的调查与研究显示，知识员工在面临同事的知识请求时，常常会选择隐藏知识，而非完全共享知识。一项来自加拿大《环球邮报》（The Globe and Mail）对超过1700名北美地区知识员工的调查报告显示，76%的北美知识员工承认在工作中会对同事隐藏知识（Khowlett, 2006）。对中国知识员工的调查也表明，46%的中国知识员工在工作中会对同事隐藏知识（Peng, 2012）。康奈利、茨威格和韦伯斯特等（Connelly, Zweig and Webster et al., 2012）通过基于事件的经验取样法计算得出：团队内部每天大约有10%的知识转移事件之中存在知识隐藏的情况，而被隐藏的知识往往是关键性的高价值知识。现有研究同样也发现知识隐藏现象在高校科研团队、研发团队、创意创新团队、软件开发团队、市场营销团队等典型的知识型团队中普遍存在（尚玉钒，徐珺，赵新宇等，2016；Huo, Cai and Luo et al., 2016; Černe, Nerstad and Dysvik et al., 2014; Černe, Hernaus and Dysvik et al., 2017; Labafi, 2017; 李浩，黄剑，2018）。例如，在科研团队或创新创意团队中，团队成员可能出于担心自身的点子、创意或想法被其他人盗取或占用而选择隐藏相关知识；研发团队成员之间一些关键知识的隐藏很可能导致研发的产品存在缺陷，不能满足客户需求，或产品逾期不能交付甚至项目失败。巴布科克（Babcock, 2004）对财富500强企业的统计结果显示，同事之间的知识隐藏造成财富500强企业每年的经济损失高达315亿美元。

综上所述，虽然管理者试图通过组建知识型团队来整合不同团队成员所具有的专业性和异质性的知识与技能，从而开发创造知识密集型产品或提供知识密集型服务，但是现实的情况却是知识型团队成员可能出于种种原因而彼此隐藏知识。知识隐藏（knowledge hiding）是近年来知识管理理论发展中出现的新构念和研究的新问题，它是指知识拥有者在面对同事的知识请求时，故意隐瞒和刻意掩饰知识的行为（Connelly, Zweig and Webster et al., 2012）。知识型团队内部成员之间的知识隐藏严重阻碍了知识、技能或创新型成果等在团队内部的扩散，这种行为直接损害了知识型团队的创造力和创新能力，削弱了团队

---

① Husted K, Michailova S. Diagnosing and Fighting Knowledge-Sharing Hostility [J]. Organizational Dynamics, 2002, 31 (1): 60–73.

绩效。因此，如何让知识型团队成员"知无不言"？知识型团队成员为什么会彼此隐藏知识？有哪些因素会诱发知识型团队成员的知识隐藏行为，其内在的作用机制是什么？上述问题已成为知识管理理论界和实务界亟待解决的重要课题。

1.1.2 问题提出

目前，关于知识型团队成员知识隐藏的研究正处于起步阶段，尚不成熟。不仅没有提出完整的知识型团队成员知识隐藏影响因素的框架模型，而且也未对一些影响因素的作用机制等展开深入探究。为此，本书首先基于广泛的深度访谈，围绕知识型团队成员知识隐藏影响因素这一问题，完成相应的质性研究，通过获取一手的数据资料，试图自下而上构建知识型团队成员知识隐藏影响因素的整合模型；其次，本书试图通过实证研究来阐释整合模型中三个关键因素对知识型团队成员知识隐藏的作用机制，以期为知识隐藏的理论研究提供新的见解。全书的具体研究问题如下：

首先，现有研究缺乏对知识型团队成员知识隐藏影响因素的深入系统分析。通过文献回顾发现，物理—事理—人理系统方法论是管理科学领域系统分析中所采用的重要方法论。能否借鉴该方法论的思想，通过质性研究方法，从物理因素、事理因素和人理因素三个类属对知识型团队成员知识隐藏的影响因素进行深入挖掘、提炼和归纳？如果能，那么上述三个类属都是由哪些关键要素构成？三个类属对知识型团队成员知识隐藏的影响方式和作用路径是什么？对这些问题的有效解决不仅能够在理论层面构建出完善的知识型团队成员知识隐藏影响因素的整合模型，而且还能够为进一步发现新的研究缺口和更深入地探究影响因素的作用机制奠定基础。

其次，现有关于物理因素（知识属性因素）对知识型团队成员知识隐藏影响的研究主要聚焦于知识自然属性（如知识复杂性或内隐性等），鲜有文献探讨知识社会属性对知识型团队成员知识隐藏的影响及其作用机制。学者们将知识社会属性界定为个体知识所有权的归属问题，包含感知的知识个人所有权和感知的知识组织所有权两个方面（Constant, Kiesler and Sproull, 1994; Jarvenpaa and Staples, 2001; 金辉, 2013, 2014），且认为知识社会属性会对个体的知识行为决策产生重要影响（Wasko and Faraj, 2000）。学者们也指出需要进一步探讨知识社会属性对个体知识行为的影响（Wang and Noe, 2010）。此外，本书作者在通过访谈搜集资料、对第一个问题的探索过程中，也发现受访者常常提及"我的知识""我们的知识""私人知识"等反映知识社会属性的词汇。上述理论研究缺口和实践现实情况促使作者提出第二个研究问题：知识社会属性——感知的知识所有权对知识型团队成员知识隐藏的影响及其作用机制是什么？感知的知识个人所有权是否会诱发知识型团队成员隐藏知识？感知的知识组织所有权是否会抑制知识型团队成员隐藏知识？感知的知识所有权通过何种过程机制影响知识型团队成员的知识隐藏行为？知识型团队的管理者可以采取哪些措施进行有效干预？这些都是亟待深入探究的重要问题。

再次，事理因素（团队层面因素）中团队氛围一直以来都被认为是影响团队成员知识行为的重要情境变量，现有文献多关注知识共享氛围、公平氛围等特定积极氛围对知识隐藏的影响，鲜有研究探讨特定消极氛围对知识隐藏的影响及其作用机制。学者们普遍指出消极氛围对个体或团队造成的影响往往要比积极氛围的影响更为深远（段锦云，王娟娟，朱月龙，2014），就此层面来讲，探讨消极氛围对知识型团队成员知识隐藏的影响过程或许要比关注积极氛围的影响过程更有意义，更有助于揭示知识隐藏的形成机制。韦伯斯特、布朗和茨威格等（Webster, Brown and Zweig et al., 2008）指出团队政治氛围很可能造成团队成员之间的利益冲突和人际关系不和谐，需要特别关注团队政治氛围是否能够诱发成员之间隐藏知识。本书中所提及的政治氛围是组织行为学领域特定的学术用语，本书中的"政治"一词仅表示职场中员工为了自身利益从事的自利且缺乏组织认可的行为，详见第5章。此外，本书作者在对第一个问题的探索过程中，也发现受访者常常提及"派系之争""钩心斗角""徇私"等反映团队政治氛围的词汇。上述理论研究缺口和实践现实情况促使作者提出第三个研究问题：团队政治氛围能否诱发知识型团队成员的知识隐藏？如果能，那么是通过何种过程机制产生影响？

最后，人理因素（知识互动双方因素）中人格特质一直以来都被认为是影响个体知识行为的重要因素，现有文献多从大五人格特质视角出发，探讨大五人格特质与个体知识隐藏之间的关系（Wang, Lin and Li et al., 2014; Anand and Jain, 2014; Demirkasimoglu, 2015），鲜有研究探讨黑暗人格特质对知识隐藏的影响及其作用机制。组织行为学和心理学的最新研究成果显示：与传统的大五人格特质相比，黑暗人格特质对于员工的负面行为具有更强的预测效度（Grijalva and Newman，2015；Harms and Spain，2015；O'Boyle，Forsyth and Banks et al.，2012）。学者们也呼吁需要进一步探究黑暗人格特质对知识隐藏的影响（Webster，Brown and Zweig et al.，2010；Blickle，Schütte and Wihler，2018）。此外，本书作者在通过访谈搜集资料，对第一个问题的探索过程中，也发现受访者常常提及"自私自利""功利心""傲慢"等反映黑暗人格特质的词汇。上述理论研究缺口和实践现实情况促使作者提出第四个研究问题：黑暗人格特质能否预测知识型团队成员的知识隐藏行为？如果能，那么其作用机制是什么？知识型团队的管理者可以采取哪些措施进行有效干预？

有鉴于此，本书将对以上4个重要的疑难问题展开深入的创新性研究。

1.2 研究目的及研究意义

1.2.1 研究目的

本书旨在综合运用物理—事理—人理系统方法论、知识权力理论、调节焦点理论、心理契约理论等相关理论，通过扎根理论的质性研究方法，以及多元线性回归、重复抽样法、多层线性模型和结构方程模型等定量研究方法，对知识型团队成员知识隐藏的影响因素及其作用机制展开研究。

本书的具体研究目的在于：（1）运用扎根理论的质性研究方法，对知识型团队成员知识隐藏的影响因素进行深入挖掘和系统归纳，构建知识型团队成员知识隐藏影响因素的整合模型（物理/事理/人理—知识隐藏整合模型，简称 WSR - KH）；（2）基于知识权力理论，分析物理因素中知识社会属性——感知的知识所有权对知识型团队成员知识隐藏的作用机制；（3）基于调节焦点理论，探究事理因素中团队政治氛围对知识型团队成员知识隐藏的作用机制；（4）基于心理契约理论，剖析人理因素中黑暗人格三合一对知识型团队成员知识隐藏的作用机制。

1.2.2 研究意义

1. 理论意义

（1）本书的研究内容有助于拓展和深化知识隐藏的理论研究，完善知识管理理论。知识隐藏作为一个正处于起步阶段的研究领域，学者们现在对知识型团队成员知识隐藏的影响因素及其作用机制的认识还极为有限。首先，本书通过质性研究，创新性地将知识型团队成员知识隐藏的影响因素归纳为物理因素、事理因素、人理因素三个主范畴，并厘清了三个主范畴对知识型团队成员知识隐藏的影响方式和作用路径，从而构建了知识型团队成员知识隐藏影响因素的整合模型（WSR-KH），这为知识隐藏影响因素的研究奠定了良好的研究框架。其次，本书将知识权力理论、调节焦点理论、心理契约理论等应用到知识隐藏领域的研究之中，丰富和拓展了知识隐藏研究的理论视角。最后，长期以来，知识管理领域形成了"重知识共享，轻知识隐藏"的研究局面，本书对知识型团队成员知识隐藏的研究也在一定程度上弥补了现阶段知识管理领域研究的局限性，丰富和完善了知识管理理论。

（2）本书的研究方法能够为知识隐藏的理论研究提供方法借鉴。本书在研究方法上遵循先构建理论，再验证理论的思路。首先，运用扎根理论的质性研究方法，自下而上构建了知识型团队成员知识隐藏影响因素的整合模型。其次，运用定量研究方法（多元线性回归、重复抽样法、多层线性模型和结构方程模型）对构建的整合模型中三个重要因素（感知的知识所有权、团队政治氛围和黑暗人格三合一）对知识型团队成员知识隐藏的作用机制进行理论验证。通过质性研究和定量研究相结合的研究方法，使得本书的研究结论更加可靠。因此，本书的研究方法能够为知识隐藏的理论研究提供有益的方法借鉴。

2. 现实意义

（1）本书的研究结论能够为管理者事前预防和削减知识型团队成员知识隐藏的发生提供有益的现实借鉴。知识型团队成员的知识隐藏不利于知识在团队内部的顺畅流动，造成团队现有知识资源的浪费，影响团队绩效和团队创造力。本书构建的知识型团队成员知识隐藏影响因素的整合模型,有助于管理者重新审视现有的管理措施、团队氛围和领导方式等能否诱发团队成员的知识隐藏行为,从而进行相应的调整或修正。概括而言,为了控制和削减知识隐藏的发生,管理者应该在知识型团队中推行"懂物理、明事理和通人理"的管理策略。

(2) 本书的研究工作对于推动组织完善其知识管理实践活动具有重要的现实意义。在目前现实的组织知识管理实践活动中,管理者往往集中于关注促进员工积极的知识行为(如知识共享),而忽视了抑制员工的消极知识行为(如知识隐藏),这容易造成组织的知识管理实践以失败而告终,究其原因在于员工积极知识行为的增加并不意味着消极知识行为的减少。例如,员工可能大量分享不重要的显性知识,而同时隐藏重要的隐性知识。本书对知识型团队成员知识隐藏的研究将有助于推动组织采取双管齐下、双措并举的知识管理实践方案,即促进员工积极知识行为的同时削减消极知识行为。

1.3 核心概念界定

1.3.1 知识员工

知识员工,又称为知识型员工(王振林,2016)、知识工作者(杨杰,凌文辁,方俐洛,2004)、知识工人(胡蓓,陈荣秋,2001)等。知识员工(knowledge worker)一词最早是由彼得·德鲁克于1959年在《明日的里程碑》(*Landmarks of Tomorrow*)一书中提出,他认为知识员工是那些掌握和运用符号、概念,利用知识或信息工作的人。[①] 实际上,我国很早就有与知识员工相对应的术语或称谓,例如,"知识分子""脑力劳动者"等说法存在已久(廖建桥,文鹏,2009)。

虽然知识员工这个概念提出了很长时间,但是截至目前,人们对于知识员工的内涵还没有统一的认识,国内外学者从不同的视角对知识员工进行了概念

---

① Drucker P. Landmarks of Tomorrow [M]. New York: Harper Publisher, 1959: 114-158.

界定。本书将现有知识员工的概念界定总结为劳动方式观、知识资本观、任务结构观、个体能力观和个体学历观共5种定义视角,知识员工的5种定义视角见表1-1。

表1-1　　　　　　　　知识员工的5种定义视角

定义视角	概念内容	代表人物
劳动方式观	知识员工就是那些创造财富时用脑多于用手的人们,他们利用知识或信息工作,通过自己的创意、分析、判断、综合、设计给产品带来附加价值,在工作中因"思考"而获得报酬的人	弗朗西斯·赫瑞比(Horibe F., 2000) 彼得·德鲁克(1959) 达夫(Dove, 1998)
知识资本观	知识员工是指从事生产、创造、扩展和应用知识的活动,为组织带来知识资本增值,并以此为职业的人员	林雪琴(2011) 曹宇(2015)
任务结构观	知识员工是在易变性和不确定性相对较高的环境中发挥其主动创造能力,能应对各种突发情况,推动产品和技术的进步,而不是完成简单、重复性工作	伍晋明、殷琳琳和王威等(2008)
个体能力观	知识员工是指具有更强的知识运用能力和价值创造能力,善于运用人类智慧并产生出有用信息的人	达文波特、耶尔文佩和比尔斯(Davenport, Jarvenpaa and Beers, 1996) 伍德拉夫(Woodruffe, 1999)
个体学历观	知识员工是指具有较高学历或者获得较高职业技术等级的人才	本特利(Bentley, 1990) 博格丹诺维茨和贝利(Bogdanowicz and Bailey, 2002) 吴强和万可(2003)

资料来源:笔者根据表中的参考文献整理。

从表1-1中知识员工的5种定义视角,可以看到知识员工具有以下基本特征:一是具有较高的学历基础,掌握了相关的知识技能;二是主要从事脑力劳动;三是具有较强的学习能力;四是从事的任务具有创造性,而非重复性劳动;五是能够为组织带来知识资本。

综上所述,现有文献并没有对知识员工的概念形成一个统一的认识,不同的学者从不同的视角对知识员工的概念进行了相应界定。综合以上几种观点,笔者将知识员工界定为"接受了较高水平教育从而掌握了一定的知识和技能,主要从事以知识为载体的创造性工作，能够为组织带来知识资本，创造财富的工作者"。

1.3.2 知识型团队

团队是指为了实现某一目标而由相互协作的个体所组成的正式群体，强调由团队成员构成的一个共同体，合理利用每一个团队成员的知识与技能，协同工作，解决问题，达成目标。正如彼得·德鲁克所预言"知识员工的工作将转向以团队为基础"。实践表明：随着组织任务的日趋复杂，知识型团队已经成为知识密集型组织中的一种主导工作模式。

知识型团队作为知识经济时代诞生的新的工作模式，目前学者们还没有对知识型团队的内涵形成一个统一的认识。一些学者从团队成员构成方面来进行界定，认为知识型团队就是由知识员工组成的团队（Janz, Colquitt and Noe, 1997；张体勤，丁荣贵，2002）；另一些学者从团队工作过程方面来进行界定，认为知识型团队是由拥有独特专业知识的个体在广泛进行技术、资源和知识的分享与整合等基础上完成特定任务的工作群体（Ainger, Kaura and Ennals, 1995；Lewis, 2004）。孙锐、李海刚和石金涛（2007）分析了知识型团队与传统制造业团队的区别，指出传统制造业团队存在的形式一般较为固定，所需的技能及其组成结构是相对静态的，并不注重团队成员知识与技能的发展，而知识型团队则是一种动态的组织模式，成员的知识与技能结构是混合的、异质性的，并随着任务的需要处于动态变化重组之中，强调知识与技能的学习与发展。

在前人的研究基础上，笔者结合团队理论中的"输入—过程—输出"模型（input-process-output model，简称 IPO 模型），将知识型团队界定为"以知识员工为主要成员，通过团队成员之间的知识、技能与资源等的交叉和融合等过程，开发、创造知识密集型产品或提供知识密集型服务的组织单元"。典型的知识型团队既包括开发或创造知识密集型产品的技术创新团队和产品开发团队，也包括提供知识密集型服务的市场营销团队等。

1.3.3 知识隐藏

本书首先对知识与信息的概念进行辨析。日本著名的知识管理专家野中郁次郎（Nonaka，1994）指出，信息是指经过加工和处理过的数据；知识是指被证实了的有意义的信息，并且能够指导个体的行动。因此，相对于客观存在的信息，知识是一个更高层次的抽象概念。知识与信息之间的关系具体如下：（1）知识是从信息中提炼和归纳而来，信息是知识的原料，知识是信息加工的结果，人们往往通过比较、推理和联系等途径把信息加工成知识（王连娟，张跃先，张翼，2016）；（2）著名的知识管理学者阿拉维和莱德纳（Alavi and Leidner，1999，2001）指出信息与知识之间存在相互转化，当个体对信息进行加工并消化成为自我产物的时候，信息转化为知识，当个体将知识通过语言、文字或图像等形式进行表述或展示的时候，知识转化为信息。在现实的组织中，事实上信息和显性知识在很多时候是难以完全清晰地区分开来，有时需要综合考虑。

虽然员工的知识隐藏行为在组织中存在已久，但是直到 2012 年，学者们才真正将其上升到理论层面，对其概念进行清晰界定。早期的学者们主要站在组织的立场上开展知识管理研究，期望通过推行基于信息技术的知识管理系统、提供激励措施等来引导员工们分享知识。然而，正如彼得·德鲁克所说"知识就是权力，这就是为什么知识拥有者常常会对其进行保密的原因"。[①] 知识员工经常会对同事隐藏知识。如果不能站在员工的立场上，弄清楚员工为什么隐藏知识，企业的知识管理实践往往会以失败而告终（Husted and Michailova，2002）。由此，近些年，知识管理领域的学者们开始从员工视角研究个体知识行为的"阴暗面"，知识隐藏的研究正是在这种情况下兴起。

康奈利、茨威格和韦伯斯特等学者于 2012 年首次提出知识隐藏（knowledge hiding）的概念，将其界定为"知识拥有者在面对同事的知识请求时，故意隐瞒和刻意掩饰的行为"。知识隐藏的概念具有两个关键点。第一，知识隐藏发生在二元互动情境下，需要有知识寻求者（knowledge seeker）向知识拥

---

① Drucker Peter. Managing in a Time of Great Change [M]. Boston：Harvard Business Press，2009：14.

有者（knowledge owner）发送知识请求。这与以往学者们认为知识共享发生在知识发送方（knowledge sender）和知识接受方（knowledge receiver）之间较为类似，均强调二元互动情境。但不同的是，知识隐藏强调的是回应知识请求时的知识行为，而知识共享则不仅包含回应式知识共享（responsive knowledge sharing），还囊括主动给予式的知识共享（proactive knowledge sharing）（Zhang and Jiang, 2015）。第二，知识隐藏是一种有意为之的行为。从这一点来讲，知识隐藏与没有知识共享（lack of knowledge sharing）有所不同，没有知识共享可能仅仅是由于员工并没有相关知识，而知识隐藏是员工在拥有知识的情况下，故意隐瞒和刻意掩饰的行为（Connelly, Zweig and Webster et al., 2012）。

1.3.4 知识型团队成员知识隐藏的内涵及特征

在前文中，本书在对知识型团队文献回顾的基础之上，从团队的"输入—过程—输出"模型视角将知识型团队界定为：以知识员工为主要成员，通过团队成员之间的知识、技能与资源等的交叉和融合等过程，开发、创造知识密集型产品或提供知识密集型服务的组织单元。此外，知识隐藏的概念为：知识拥有者在面对同事的知识请求时，故意隐瞒和刻意掩饰的行为（Connelly, Zweig and Webster et al., 2012）。为了更加清晰明了地说明本书的研究主题和研究边界，有必要对知识型团队成员知识隐藏的内涵与特征进行分析。

知识型团队成员知识隐藏是指"在知识型团队内部，作为知识拥有方的团队成员在面临知识寻求方团队成员的知识请求时，通过故意隐瞒或刻意掩饰等策略避免披露知识的行为"。知识型团队成员的知识隐藏行为具有五个典型特征。

（1）情境的二元性。知识型团队成员的知识隐藏发生在团队中的知识寻求者与知识拥有者二元互动的情境之中，知识寻求者明确发送了相关的知识请求，知识拥有者在接收到该知识请求的情况下做出隐藏知识的行为决策。

（2）动因的复杂性。在知识型团队中，知识拥有者在接收到其他成员的知识请求后，做出隐藏知识的行为决策，其行为动因具有复杂性。知识型团队成员隐藏知识的动因可能源于没有宽裕的时间，也可能源于对知识寻求者完全理解知识没有信心，还可能是出于对团队内部的竞争压力的考量等。

（3）策略的多样性。在知识型团队中，作为知识拥有方的团队成员可以采取多种策略来对知识寻求者隐藏知识。例如知识拥有者可以采用假装不知道、不了解相关知识的装傻隐藏策略，也可以采用含糊其词、提供不太相关知识的含糊隐藏策略，或者还可以假借其他人不让分享等辩解隐藏策略。

（4）高度的破坏性。知识型团队与非知识型团队的一个显著区别在于：非知识型团队成员所需掌握的技能和知识结构相对比较固定，是一个熟练工种的问题，而知识型团队成员所需掌握的知识与技能相对比较复杂，且处于动态发展之中（孙锐，李海刚，石金涛，2007）。因此，非知识型团队内部成员的知识隐藏对知识寻求者或团队的破坏性较低，毕竟非知识型团队成员可以通过观察、模仿等方式在较短时间内掌握那些工作中所需要的相关技能。然而，知识型团队成员隐藏的知识往往质量和复杂性都较高，团队成员不容易模仿，难以在短时间内学习掌握。因此，知识型团队成员的知识隐藏对团队绩效、创造力以及团队决策都具有更高程度的破坏性。

（5）恶性循环的易生性。相对于非知识型团队，知识型团队成员之间的知识互动更为频繁，成员之间对彼此知识的需求度和依赖性都较高。因此，知识型团队成员的知识隐藏更容易造成知识隐藏的恶性循环，导致成员之间彼此防备，互相隐藏关键性知识。

1.4 研究内容与研究方法

1.4.1 研究内容

本书的主题是"知识型团队成员知识隐藏的影响因素及其作用机制研究"。这其中既包含对知识型团队成员知识隐藏影响因素的质性研究，也包含对知识型团队成员知识隐藏影响因素作用机制的实证研究。具体而言，本书的研究内容主要包括七个章节，研究内容及其内在逻辑联系如图1-1所示。

第1章 绪　论

```
┌─────────────────┐
│     第1章       │
│     绪论        │
└────────┬────────┘
         ↓
┌─────────────────┐
│     第2章       │
│ 国内外相关研究现状及评述 │
└────────┬────────┘
         ↓
┌─────────────────┐
│     第3章       │
│ 知识型团队成员知识 │
│ 隐藏影响因素的整合 │
│     模型        │
└────────┬────────┘
```

物理因素　知识社会属性　　事理因素　团队氛围　　人理因素　人格特质
　　W　　　　　　　　　　　　S　　　　　　　　　　　R

第4章	第5章	第6章
感知的知识所有权对知识型团队成员知识隐藏的作用机制	团队政治氛围对知识型团队成员知识隐藏的作用机制	黑暗人格三合一对知识型团队成员知识隐藏的作用机制

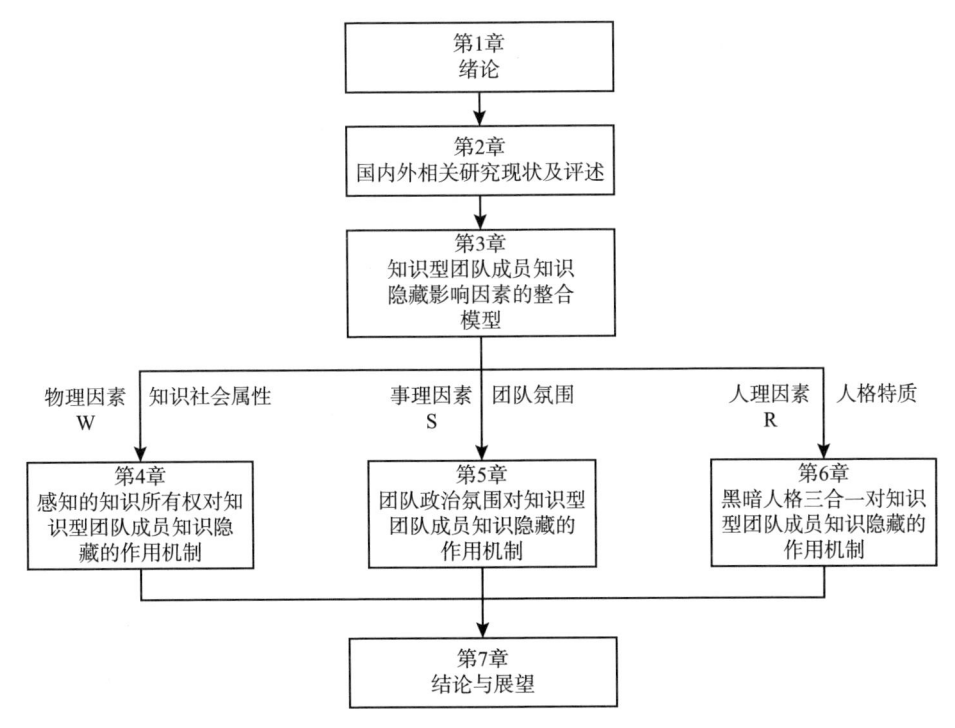

　　　　　　　　　↓
　　　　┌─────────────────┐
　　　　│   第7章   │
　　　　│   结论与展望   │
　　　　└─────────────────┘

图 1-1　研究内容及其内在逻辑联系

第 1 章：绪论。这一章首先介绍了本著作研究的理论背景和现实背景，并提出了相应的研究问题；其次，阐述了本书的研究目的及意义；再次，就本书中所涉及的几个核心概念（知识员工、知识型团队和知识隐藏）进行了梳理和界定，并对知识型团队成员知识隐藏的内涵及其特征进行了高度的总结概括；最后，概述了全书的主要研究内容及其所采用的研究方法。

第 2 章：国内外相关研究现状及评述。这一章主要对知识隐藏的维度与测量、知识隐藏与知识保留、知识囤积的区别、知识隐藏与知识共享的关系、知识隐藏的前因变量和结果变量的国内外相关研究文献进行了系统的梳理，总结研究现状，并进行了相应的评述。

第 3 章：知识型团队成员知识隐藏影响因素的整合模型。这一章将运用扎根理论的质性研究方法，开展归纳导向的理论构建型研究。笔者对来自 5 个典型的知识型团队共 31 名受访者进行了深度访谈，从而获取一手的数据资料。遵循扎根理论研究的流程与思路，对数据资料进行开放式编码、主轴编码和选择性编码。借鉴系统科学领域的物理—事理—人理系统方法论的思想，这一章将知识型团队成员知识隐藏的影响因素归纳为物理因素、事理因素、人理因素三个主范畴，并详细分析了上述三个主范畴对知识隐藏的作用路径，最终构建了知识型团队成员知识隐藏影响因素的整合模型（物理/事理/人理—知识隐藏整合模型，简称 WSR – KH）。第 3 章的研究同时也为接下来的第 4 章至第 6 章所开展的演绎导向的假设验证型研究奠定了良好的基础，彼此形成相互印证。

第 4 章：感知的知识所有权对知识型团队成员知识隐藏的作用机制。这一章将探究物理因素主范畴中知识社会属性——感知的知识所有权对知识型团队成员知识隐藏的影响及其作用机制。基于知识权力理论，构建了相应的研究模型，提出了感知的知识所有权对知识隐藏的直接作用研究假设，以及知识权力损失的中介作用研究假设。同时，基于社会信息加工理论，提出了团队动机氛围（绩效动机氛围/精熟动机氛围）在知识权力损失与知识隐藏关系之间的调节作用研究假设。采用问卷调查的方式获取相关研究数据，通过多元线性回归、重复抽样法和多层线性模型方法对研究假设进行实证检验，总结研究的理论贡献和管理启示。

第 5 章：团队政治氛围对知识型团队成员知识隐藏的作用机制。这一章将探究事理因素主范畴中团队政治氛围对知识型团队成员知识隐藏的影响及其作用机制。基于调节焦点理论，构建了相应的研究模型，提出了团队政治氛围对知识隐藏的跨层次直接作用研究假设，以及防御型情境焦点在团队政治氛围与知识隐藏关系之间的跨层次中介作用研究假设。采用问卷调查的方式获取相关研究数据，通过多层线性模型方法对研究假设进行实证检验，并对研究结果进行了讨论。

第 6 章：黑暗人格三合一对知识型团队成员知识隐藏的作用机制。这一章将探讨人理因素主范畴中知识拥有者的人格特质——黑暗人格三合一（马基雅维利主义、自恋和精神病态）对知识型团队成员知识隐藏的影响及其作用机制。基于心理契约理论，构建了相应的研究模型，提出了黑暗人格三合一对知识隐藏的直接作用研究假设，以及交易型心理契约在黑暗人格三合一与知识隐藏关系之间的中介作用研究假设。同时，依据社会角色理论，提出了性别能够调节黑暗人格三合一与交易型心理契约之间的关系，从而对知识隐藏产生间接作用的研究假设。采用问卷调查的方式获取相关研究数据，通过结构方程模型方法对研究假设进行实证检验，总结研究的理论贡献和管理启示。

第7章：结论与展望。这一章主要对全书的研究结论和创新点、未来的研究展望进行了论述。

1.4.2 研究方法

1. 文献研究法

该方法主要用于第1章和第2章。通过对国内外相关文献进行梳理、归纳和概括，对现有关于知识员工、知识型团队，知识隐藏的概念、维度和测量，知识隐藏与知识共享的关系，知识隐藏的前因变量和结果变量等研究有了更加深刻的认识。文献研究法有助于在理论层面发现已有研究的不足，提出待解决的研究问题，为本书进一步推进知识型团队成员知识隐藏的影响因素及其作用机制的研究奠定了良好的基础。

2. 系统分析法

该方法主要用于第3章。第3章借鉴系统科学领域的物理—事理—人理系统方法论这一整合系统方法论的思想，构建了包含物理因素、事理因素、人理因素三个主范畴的知识型团队成员知识隐藏影响因素的整合模型（WSR-KH），并明晰了上述三个主范畴之间的关联关系及其对知识隐藏的作用路径。

3. 质性研究法

该方法主要用于第3章。第3章将严格遵循扎根理论这一质性研究方法的流程与思路，通过深度访谈获取相关数据资料，对数据资料进行开放式编码、主轴编码和选择性编码，并进行理论饱和度检验，最后构建了知识型团队成员知识隐藏影响因素的整合模型。

4. 实证研究法

该方法主要用于第4章至第6章。第4章至第6章主要采用了多元线性回归、重复抽样法、多层线性模型和结构方程模型四种实证研究方法，对所提出的研究假设进行实证检验。

第2章 国内外相关研究现状及评述

本章将围绕研究主题，对国内外相关研究的进展进行系统性梳理，并展开相应的评述。与本书研究主题相关的国内外研究主要体现在以下五个方面：一是知识隐藏的维度与测量；二是知识隐藏与知识保留、知识囤积的区别；三是知识隐藏与知识共享的关系；四是知识隐藏的前因变量；五是知识隐藏的结果变量。本章将分别对上述五个方面的国内外研究进行综述与评述。

2.1 知识隐藏的维度与测量研究现状及评述

知识隐藏指知识拥有者在面对同事的知识请求时，故意隐瞒和刻意掩饰的行为（Connelly, Zweig and Webster et al., 2012）。关于知识隐藏的维度与测量，现有文献主要有以下四种不同的认识。

（1）康奈利、茨威格和韦伯斯特等（2012）代表性学者从个体可采取的知识隐藏行为方式的视角，认为知识隐藏是一个三维构念：装傻隐藏（playing dumb），含糊隐藏（evasive hiding）和辩解隐藏（rationalized hiding）。装傻隐藏是指知识拥有者假装不了解或不熟悉该知识的知识隐藏行为方式；含糊隐藏是指知识拥有者提供不准确、不完备知识或者虚假性承诺的知识隐藏行为方式；辩解隐藏是指知识拥有者为自己不能提供相关知识给出某种辩解理由的知识隐藏行为方式，如第三方不让披露该知识或信息（Connelly, Zweig and Webster et al., 2012）。其中，装傻隐藏和含糊隐藏两种方式均含有明显的欺骗成分，而辩解隐藏方式是知识拥有者站在自身的角度为不能披露知识提供理由，也可能含有欺骗成分（Connelly and Zweig, 2015），例如，知识拥有者可能编造一个不能提供知识的理由来为自己隐藏知识做辩解。

康奈利、茨威格和韦伯斯特等（2012）采用归纳式量表开发方法（inductive scale development approach），开发了一个包含 12 个题项的知识隐藏测量量表，其中每个维度均由 4 个测量题项构成。装傻隐藏的测量例项如"假装并不了解该方面知识"；含糊隐藏的测量例项如"口头上答应帮助他（她），但事实上我并不会付诸行动"；辩解隐藏的测量例项如"向对方解释，我愿意告知，但有人不希望我这样做"。

（2）赵婷（2013）从个体行为意愿的视角，认为知识隐藏是一个二维构念：主动隐藏和被动隐藏。主动隐藏是指个体在隐藏知识的时候采用拖延、假装不懂或给出不完整知识等策略，隐藏行为是出于自身意愿而主动为之；被动隐藏是指个体出于自身以外的其他意愿而被动隐藏知识，例如他人不让分享。赵婷（2013）根据探索性因子分析的结果，采用 5 个测量题项来测量主动隐藏，采用 3 个测量题项来测量被动隐藏。

（3）复旦大学彭贺教授将知识隐藏视为知识员工反生产行为的一种特殊形式，由此认为知识隐藏是一个单维构念，并开发了一个包含 3 个题项的测量量表：一是对同事隐藏有用的信息或知识；二是对同事隐藏创新性的成果；三是不愿意将个人经验和知识转变成组织知识。①

（4）杰哈和瓦尔基（Jha and Varkkey，2018）在探讨研发团队成员知识隐藏影响因素的过程中，意外发现，除了装傻隐藏、含糊隐藏和辩解隐藏三个维度之外，还存在第四个维度：反问式隐藏（counter questioning），即知识拥有者在面临同事的知识请求时，通过反问对方的方式来避免披露相关知识或信息。杰哈和瓦尔基（2018）指出员工采用反问式隐藏至少具有以下两点好处：一是个体能够通过反问来了解知识寻求者对相关知识的了解程度；二是如果知识寻求者对相关主题比较熟悉，则能够通过反问的方式进而从知识寻求者那里获得额外的知识，如果知识寻求者对相关主题一无所知，则能够通过反问式隐藏来避免浪费自己的时间。典型的反问式知识隐藏语句如"你怎么看待这个问题，你先说说你的想法"等。虽然杰哈和瓦尔基（2018）提出了反问式隐

---

① Peng H. Counterproductive Work Behavior among Chinese Knowledge Workers [J]. International Journal of Selection and Assessment，2012，20（2）：119-138.

藏这一独特维度,但是并没有开发相应的测量量表。

综上所述,现有文献对知识隐藏的维度与测量并没有形成一个统一的认识,相关学者分别认为知识隐藏是一个单维、二维、三维和四维的构念。通过大量查阅文献,笔者发现,目前学术界普遍认可和采纳的是康奈利、茨威格和韦伯斯特等(2012)所提出的知识隐藏三维结构与测量方式。因此,本书的研究中也认可、采纳康奈利、茨威格和韦伯斯特等(2012)提出的知识隐藏三维结构(装傻隐藏、含糊隐藏和辩解隐藏)与测量方式。

2.2 知识隐藏与知识保留、知识囤积的区别研究现状及评述

知识保留和知识囤积同样是近年来学者们对员工知识行为"阴暗面"的有益探索,因此有必要对知识隐藏与知识保留、知识囤积在内涵上的区别进行辨析。

知识保留(knowledge withholding)指个体所贡献的知识少于他们所拥有的知识,即个体没有完全贡献自身知识的行为(Lin and Huang, 2010)。学者们借鉴工作努力保留理论(effort withholding theory)认为员工在贡献知识的过程中也存在着卸责(shirking),工作疏忽(job neglect),社会惰化(social loafing)和搭便车(free riding)的行为,表现为并没有完全贡献自己拥有的知识(Tsay, Lin and Yoon, 2014; Lin and Huang, 2010)。

知识保留和知识隐藏在内涵上主要有两点区别。(1)知识保留既包含组织指向的知识保留行为(organizationally-targeted knowledge withholding),如个体在团队工作中搭便车,也包含人际指向的知识保留行为(individually-targeted knowledge withholding),如故意不告诉他人所寻求的知识,而知识隐藏是严格意义上的人际指向的知识行为,指向知识寻求者。(2)个体的知识保留有可能并不是故意为之的行为,这是因为个体很可能并不能意识到相关知识是否有用(Wang, Lin and Li et al., 2014),而知识隐藏是知识拥有者故意为之的行为,有意对知识寻求者隐瞒有用的知识。

知识囤积(knowledge hoarding)指个体故意且有策略地囤积知识的行为,学者们指出个体不但可以故意拒绝别人的知识请求,而且可以有策略性地藏匿

未被请求的知识（Evans，Hendron and Oldroyd，2014）。例如，员工可能在相互交流的过程中，故意对某方面的知识避而不谈。虽然在组织或团队中存在藏匿未被请求知识的情况，但是由于信息的不对称性，其他人一般很难发觉这种行为。因此，相较于康奈利、茨威格和韦伯斯特等（2012）所提出的明确指向知识寻求者的知识隐藏，藏匿未被请求知识的行为对知识互动双方的社会关系造成的负面影响在理论上则相对较小。

综上所述，知识保留和知识囤积同样是近年来学者们对员工知识行为"阴暗面"的有益探索。知识隐藏在内涵上与知识保留和知识囤积虽有所交叉，但却不完全相同。本书所关注的是知识隐藏，即知识拥有者在面对同事的知识请求时，故意隐瞒和刻意掩饰知识的行为。

2.3　知识隐藏与知识共享的关系研究现状及评述

长期以来，学术界和实业界持有下列观点：知识隐藏和知识共享是同一事物的正反两面、促进组织或团队内部的知识共享则必然能够削弱知识隐藏（即相关变量与知识隐藏和知识共享之间的关系完全相反）。近期，这一观点受到了前所未有的挑战。学者们从理论分析和实证研究两个方面均指出知识隐藏和知识共享是两个不同的构念，虽有相关性但并非事物的正反两面，二者并非对立，对知识隐藏和知识共享的研究需要区别对待。

2.3.1　理论分析方面

在理论分析方面，现有研究主要从动机理论和双因素理论两个理论视角来阐释知识隐藏和知识共享之间的关系，指出知识隐藏和知识共享是两个虽有相关性但却不同的构念。康奈利、茨威格和韦伯斯特等（2012）从动机理论的视角出发，指出个体知识共享的动机主要来自利他动机，属于个体自愿做出的对他人有利的行为；个体知识隐藏的动机则主要来自利己动机，属于个体在考虑自身利益的基础上而做的一种对自我有利的行为。斯特纽斯、汉科宁和拉瓦贾等（Stenius，Hankonen and Ravaja et al.，2016）的研究在一定程度上证实了上述观点，他们依照自我决定理论，将个体知识行为的动机划分为外在动机（external motivation）、内摄动机（introjected motivation）、认同动机（identified motivation）和内在动机（intrinsic motivation），分别检验了上述四种动机对知识共享和知识隐藏的影响效应，研究发现，只有认同动机对个体的知识共享产生正向影响，只有外在动机对个体的知识隐藏产生正向影响。因此，他们指出通过物质激励的方式来推动员工的知识共享在一定程度上可能带来适得其反的结果，即物质激励很可能加剧员工之间的知识隐藏。加涅、田和苏等（Gagné, Tian and Soo et al., 2019）分别采用澳大利亚和中国的知识员工样本也同样证实了知识共享和知识隐藏的动机来源有所不同，他们的研究发现：员工的知识共享主要来自自主性动机（autonomous motivation），如知识分享所带来的愉悦性，而员工的知识隐藏则主要来自外在调节动机（external regulation），如获取物质奖励或避免社会责罚。

其他学者从双因素理论视角出发，从理论分析层面进一步阐释了知识隐藏和知识共享之间的关系。双因素理论又称为激励—保健理论，是由心理学家赫兹伯格等于1959年提出。双因素理论旨在解释员工的工作满意与不满意之间的关系，主要有以下几个理论要点：（1）满意的对立面并非不满意，而是没有满意，不满意的对立面是没有不满意，而并非满意；（2）与工作内容本身相关的激励因素（如工作成就、认同感等）能够提升员工的工作满意度，但不一定能削弱不满意，与工作环境相关的保健因素（工作报酬、工作条件等）能够抑制不满意，但不一定能提升满意度；（3）管理者应该同时调控激励因素和保健因素，从而在提升员工工作满意度的同时削弱不满意；（4）满意和不满意是两个不同的构念。[①]

韩国学者康昇旺（Kang Seung-Wan, 2016）将双因素理论应用于知识管理领域，阐释了知识共享和知识隐藏的关系，指出促进知识共享的因素同样也不一定能够削弱知识隐藏，反之亦然；知识共享的对立面是没有知识共享（lack of knowledge sharing），而非知识隐藏；知识隐藏的对立面为没有知识隐藏，而非知识共享；激励因素能够促进知识共享，但不一定能够削弱知识隐藏；保健

---

① Herzberg F, Mausner B, Snyderman B B. The Motivation to Work [M]. New York: John Wiley, 1959: 1-157.

因素能够削弱知识隐藏，但不一定能够促进知识共享。

依据现有研究，本书总结出组织中的个体可能采取的四种知识行为策略，如图2-1所示。现有研究也证实了这四种知识行为策略确实存在于现实的组织之中。

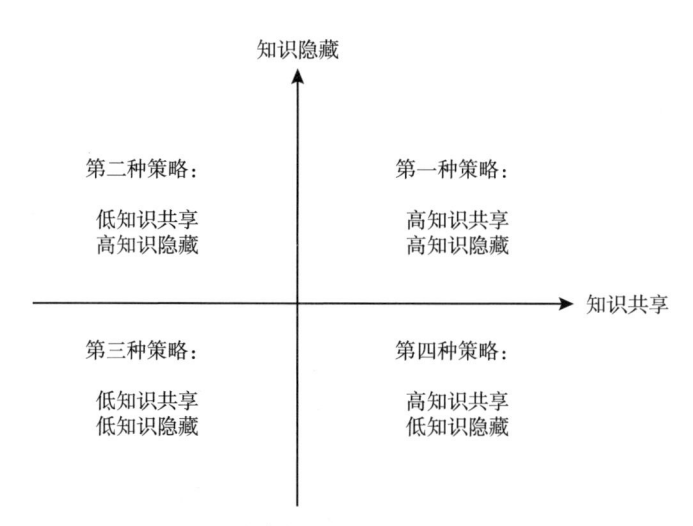

```
                    知识隐藏
                       ↑
      第二种策略：      │     第一种策略：
      低知识共享       │     高知识共享
      高知识隐藏       │     高知识隐藏
                       │
     ──────────────────┼──────────────────→ 知识共享
                       │
      第三种策略：      │     第四种策略：
      低知识共享       │     高知识共享
      低知识隐藏       │     低知识隐藏
                       │
```

图 2-1　组织中个体可能采取的四种知识行为策略

资料来源：笔者自绘。

第一种策略为高知识共享和高知识隐藏并存，即个体积极的分享一些简单的知识，与此同时大量的隐藏一些复杂的关键性知识。福特和斯特普尔斯（Ford and Staples，2010）将这种知识行为策略命名为"部分共享"（partial sharing）。这种情形也是目前多数组织面临的问题，说明组织的知识管理仅重视知识共享的激励因素，而忽视知识隐藏的保健因素。

第二种策略为低知识共享和高知识隐藏并存，即个体大量隐藏知识，很少共享知识。福特和斯特普尔斯（2008）将这种知识行为策略命名为"高度知识隐藏"（active hiding）。这种情况说明组织不重视知识隐藏的保健因素，也不注重知识共享的激励因素。

第三种策略为低知识共享和低知识隐藏并存，即个体很少参与知识活动，福特、迈尔登和琼斯（Ford，Myrden and Jones，2015）将这种知识行为策略命名为"知识共享脱离"（disengagement from knowledge sharing）。这说明组织管理实践并不关注员工的知识活动。

第四种策略为高知识共享和低知识隐藏并存，即个体大量的共享知识，且很少隐藏知识。福特和斯特普尔斯（2010）将这种策略命名为"完全共享"（full sharing），这种情况是组织知识管理最期望的结果。

2.3.2 实证研究方面

一些学者也从实证研究中证实了知识共享和知识隐藏具有一些不同的前因变量，需要区别对待，独立展开研究。现有关于知识隐藏和知识共享关系的实证研究结果总结见表2-1所示。

表2-1　　　　知识隐藏和知识共享关系的实证研究结果总结

学者	研究发现	研究结论
康奈利、茨威格和韦伯斯特等（2012） 李永元和崔金南（RheeYoung Won and Choi Jin Nam，2017）	探索性因子分析发现知识隐藏和知识共享的测量题项荷载在不同的核心因子上	知识隐藏和知识共享是两个虽有相关性，但却不同的构念，应该分别展开研究
曹霞和宋琪（2016）	元胜任力与知识隐藏、知识共享均呈现正相关	
斯特纽斯、汉科宁和拉瓦贾等（2016）	外在动机与知识共享不相关，但与知识隐藏正相关	
福特和斯特普尔斯（2010）	知识唯一性、人际不信任与部分共享正相关，但知识唯一性、人际不信任与完全共享不相关	

资料来源：笔者根据表中的参考文献整理。

康奈利、茨威格和韦伯斯特等（2012），李永元和崔金南（2017）对知识隐藏和知识共享的测量题项进行了探索性因子分析，发现知识共享的测量题项和知识隐藏的测量题项分别荷载在不同的核心因子上。曹霞和宋琪（2016）以诺莫网络为主导逻辑，分析了产学研主体间知识共享和知识隐藏的关系，发现元胜任力与产学研合作主体间的知识隐藏、知识共享均呈现正相关。斯特纽斯、汉科宁和拉瓦贾等（2016）运用自我决定理论，探讨了外在动机、内摄动机、认同动机和内在动机对知识共享、知识隐藏的影响，发现外在动机对知识共享没有显著影响，但却对知识隐藏具有显著的正向影响。福特和斯特普尔斯（2010）证实了"部分共享"（partial sharing）和"完全共享"（full sharing）也具有不同的前因变量，例如，知识唯一性、人际不信任与部分共享正相关，而与完全共享不相关。因此，实证研究结果也表明知识隐藏和知识共享是两个不同的构念，具有一些不同的前因变量，需要区别对待。

综上所述，现有研究从理论分析和实证研究两个方面均证实了知识隐藏和知识共享是两个不同的构念，虽有相关性，但是并非事物的正反两面。结合现有研究成果，本书认为知识隐藏和知识共享之所以是两个不同的构念，主要有以下几点原因：（1）当个体不具备某项知识，在面临同事知识请求的时候，由于没有知识输出，表现为知识共享度低，但是个体并非故意为之，不能说明其知识隐藏度高；（2）对于一些隐性知识，由于不易表达性等客观属性造成知识分享度低，但是个体并非故意隐瞒，不能说明其知识隐藏度高；（3）组织中的员工可能同时表现出知识共享和知识隐藏行为，大量的共享一些低价值的知识，同时积极隐藏一些高价值的关键性知识，因此，知识共享度高也并不能说明其知识隐藏度低。

虽然知识隐藏一直伴随着知识共享而存在于现实的组织中，但是长期以来，知识管理领域的研究文献多集中于探讨员工知识互动过程中的知识共享，对知识隐藏的研究则相对缺乏，造成了知识管理研究领域"重知识共享，轻知识隐藏"的研究局面（Peng，2013）。

2.4　知识隐藏的前因变量研究现状及评述

本小节将对现有关于知识隐藏前因变量的研究文献进行系统性回顾，已有文献主要从知识属性、知识行为主体、团队氛围与领导方式几个方面来探究知识隐藏的前因变量。

2.4.1 知识属性方面的前因变量

康奈利、茨威格和韦伯斯特等（2012）从"知识的内容含量"视角研究了知识复杂性与知识隐藏之间的关系，发现知识复杂性对知识隐藏有显著的正向影响。部分学者从"知识的可编码程度"和"知识的情境依赖性"视角对高校研究生之间的知识隐藏进行了调查研究，发现知识的内隐性和知识嵌入性对高校研究生的知识隐藏有显著的正向影响（Pan and Zhang，2014）。相较于可编码性的显性知识，高校研究生之间更倾向于隐藏那些不易用语言、文字、图片或程序表达的内隐性知识。高校研究生由于学习和实验要求限制等，大量知识嵌入在试验设备、大型程序等工作情境之中，离开了特定的工作情境，嵌入性知识不宜表达、转移困难，知识嵌入性对知识隐藏也有显著的正向影响。曹霞和宋琦（2016）从"知识的转移困难度"视角出发研究了知识粘性与产学研主体间知识隐藏的关系，发现知识粘性对产学研主体间的知识隐藏有显著的正向影响。

2.4.2 知识行为主体方面的前因变量

1. 知识拥有者的知识领地性

领地性（territory）这一概念最早出现于动物行为的研究之中，布朗、劳伦斯和鲁滨逊（Brown，Lawrence and Robinson，2005）创造性地将领地性这一概念引入到了组织行为学的研究领域，并将研究范围从物理空间的领地行为延伸到组织背景下社会性对象的领地行为。布朗、劳伦斯和鲁滨逊（2005）将领地性界定为"个体对某个对象感到心理占有时的行为表达"。随后，学者们逐渐将领地性这一概念应用到了知识管理领域，指出由于知识通常是由个体创造、占有和在日常工作中运用，因此，个体很容易产生知识领地心理，即个体对知识感到心理上的占有，在行为上具体表现为主张、宣誓、维系、巩固和保护个体对知识领地的控制权（Webster，Brown and Zweig et al.，2008；Kang Seung-Won，2016；Peng，2013；曹洲涛，杨瑞，2014）。目前，学者们的研究普遍证实了知识拥有者的知识领地性对知识隐藏有显著的正向影响（Huo，

Cai and Luo et al., 2016; Peng, 2013; 姜荣萍, 何亦名, 2014; von der Trenck, 2015; Singh, 2019)。

2. 知识拥有者的担忧心理

有学者对人们在移动社交媒体情境下的知识隐藏行为进行了研究，发现知识拥有者的自我指向型担忧心理（如担心自己丢面子、权力损失和被孤立）和他人指向型担忧心理（如担心他人的机会主义、知识剥夺和知识污染）对人们在社交媒体中的知识隐藏行为有显著的正向影响（Fang, 2017）。

3. 知识拥有者的消极经历

员工在组织中的消极经历会影响其以后的行为决策。如果员工曾经被同事隐藏过相关知识，那么他们也很可能会同样实施知识隐藏来进行报复。如康奈利和茨威格（Connelly and Zweig, 2015）研究发现，感知的知识隐藏对员工未来知识隐藏意图有显著的正向影响。瑟尼、纳斯塔德和戴斯维克等（Černe, Nerstad and Dysvik et al., 2014）发现知识隐藏会导致员工间相互不信任循环，从而加剧彼此间知识隐藏的产生，导致知识隐藏的恶性循环。霍尔顿、罗伯特和珀森等（Holten, Robert and Persson et al., 2016）采用纵向研究的方法，发现员工的消极经历与知识隐藏之间存在相互作用。姜荣萍和何亦名（2013）发现消极互惠经历对员工知识隐藏有显著的正向影响。

学者们还探讨了遭受职场排斥和职场欺凌等特定的消极经历对员工知识隐藏的影响机制。当员工遭受职场排斥后，作为受害者，他们将会产生心理上的不愉快感，而这种不愉悦感将成为他们进行道德自我辩解和道德推脱的借口，进而使得他们在道德上允许自己实施后续的知识隐藏行为，即遭受职场排斥对员工的知识隐藏有显著的正向影响，且道德推脱在两者之间起到中介作用（Zhao, Xia and He et al., 2016; Zhao and Xia, 2017, 2019）。基于资源保存理论，当员工遭受职场欺凌之后，员工往往需要付出一定的心理资源来应对职场欺凌事件，这容易使得员工情绪耗竭并降低员工的组织认同感，因此，在面临同事知识请求的时候，他们倾向于通过知识隐藏来保存自身有限的资源，即遭受职场欺凌的消极经历与员工的知识隐藏之间具有正相关关系，且情绪耗竭和组织认同在两者的关系之间起到链式中介作用（Yao, Zhang and Luo et al.,

2020)。

部分学者还研究了员工经历的负面职场八卦对知识隐藏的影响机制，研究发现：负面的职场八卦与员工的知识隐藏行为呈现正相关关系，而且关系认同和人际信任在两者的关系之间起到链式中介作用（Yao，Luo and Zhang，2020)。

4. 知识拥有者的工作不安全感

工作不安全感指在具有威胁的情境下，员工对保持工作连续性感到的一种无能为力（Greenhalgh and Rosenblatt，1984)。依据资源保存理论，黄爱华和黎子森（2016)，塞伦科和邦提斯（Serenko and Bontis，2016)，阿里、阿里和阿尔伯特-莫兰特等（Ali，Ali and Albort-Morant et al.，2021）的研究均发现，工作不安全感会使员工处于资源损失的威胁之中，知识拥有者为了避免知识资源的进一步损失，在面临同事的知识请求时，会更多地隐藏知识，即工作不安全感对员工的知识隐藏有显著的正向影响。

5. 知识拥有者的时间压力

克拉瓦、康奈利和瑟尼等（Škerlavaj，Connelly and Černe et al.，2018)，李锡元、张秋和王红梅（2021）指出，时间资源是员工在组织中工作的重要资源之一，他们运用资源保存理论探讨了员工工作的时间压力与知识隐藏之间的关系，发现当员工工作的时间紧迫感很强时，会更多地将时间资源分配到自身的工作之中，倾向于拒绝同事的知识请求、隐藏知识，即知识拥有者的工作时间压力对知识隐藏有显著的正向影响。

6. 知识拥有者的人格特质

现有关于知识拥有者的人格特质对知识隐藏的研究主要集中在大五人格特质方面。阿南德和贾因（Anand and Jain，2014）构建了大五人格特质与知识隐藏之间的理论框架，但并未进行相关实证检验。有学者以本科生为样本，证实了外向性、尽责型、神经质和经验开放性人格特质通过感知的社会认同对学生在课堂中的知识保留产生间接影响（Wang，Lin and Li et al.，2014)。安纳和诺林（Anaza and Nowlin，2017）的研究显示，神经质型人格特质对B2B销售人员的知识隐藏有显著的正向影响。少量研究也试图剖析情绪智力、个体目标导向和预防焦点等人格特质对知识隐藏的影响（de Geofroy and Evans，2017；Rhee and Choi，2017；Sun，Liu and Wang，2017）。赫纳乌斯、瑟尼和康奈利等（Hernaus, Černe and Connelly et al.，2019）则探讨了个体竞争型人格特质（trait competitiveness）与含糊隐藏之间的关系，对210名学者的调查结果分析显示，学者的竞争型人格特质与含糊隐藏之间存在显著的正相关关系。

7. 知识拥有者所参照群体的态度与行为

哈斯和帕克（Haas and Park，2010）调查了100所美国大学中1251名生命学研究者，对科学研究者之间的信息隐藏行为进行了相关研究，得出以下结论：参照群体的信息隐藏行为正向影响生命科学研究者的信息隐藏；当参照群体与自己研究领域越接近，这种影响越强；当参照群体与自己的学术地位越等同，这种影响也越强；当参照群体的学术地位高于本人的时候，参照群体看待信息隐藏的态度对个体的信息隐藏行为的影响更强。埃文斯、亨德伦和奥尔德罗伊德（Evans, Hendron and Oldroyd，2014）的研究也表明，当个体感到工作环境中同事整体的知识隐藏程度较高的时候，个体也会积极隐藏知识，相反，当个体感到工作环境中同事整体的知识隐藏程度较低的时候，个体也会降低自身的知识隐藏行为。

8. 知识寻求者的机会主义及知识吸收能力

安纳和诺林（2017）的研究发现，知识寻求者的机会主义正向影响知识拥有者的知识隐藏，这主要是因为持有机会主义的员工不愿意花费时间和精力学习，总是试图从别人那里轻松获取知识，不劳而获。叶茂林（2013）将不愿意主动学习、总是从同事那里获取现成知识的员工称为组织内的"知识害虫"。此外，一些学者在对软件开发团队的研究中，发现知识寻求者的知识吸收能力也是知识拥有者隐藏知识的一个重要原因（Akgün, Keskin and Ayar et al.，2017）。知识寻求者吸收能力弱，会导致知识拥有者和寻求者之间的知识势差过大，知识拥有者倾向于对知识吸收能力弱的寻求者隐藏知识。

9. 知识行为主体间的人际不信任

康奈利、茨威格和韦伯斯特等（2012），赵婷（2013），姜荣萍和何亦名（2013）的研究均证实人际不信任对知识隐藏有显著的正向影响，这主要是因为知识拥有者无法预测知识寻求者的后续行为。除此之外，塞默西（Semerci, 2019）则通过实证研究发现知识行为主体间的关系冲突和任务冲突也能够引发员工之间的知识隐藏行为。

2.4.3 团队氛围方面的前因变量

在团队氛围方面，现有文献主要探讨了特定积极氛围（知识共享氛围、创新氛围和公平氛围）对知识隐藏的影响。例如，康奈利、茨威格和韦伯斯特等（2012），塞伦科和邦提斯（2016）的研究均证实了知识共享氛围能够削弱员工的知识隐藏。在具有良好知识共享氛围的组织或团队中，员工的负面知识行为往往会受到更严厉的制裁，因此能够一定程度地降低员工知识隐藏行为的发生。此外，姜荣萍和何亦名（2013）的研究发现，团队创新氛围和公平氛围对员工的知识隐藏有显著的负向影响。最后，有些学者的研究指出竞争型氛围容易诱发员工产生知识隐藏动机，并实施知识隐藏行为（Han, Masood and Cudjoe et al., 2021）。

2.4.4 领导方式方面的前因变量

关于领导方式对员工知识隐藏的影响及其作用机制，学者们展开了较多的研究。这些研究主要基于社会学习理论，指出组织中的员工会有意或无意地观察和效仿领导角色的表现，进而学习他们的态度、行为和价值观。例如，一些学者指出，由于伦理型领导（ethical leadership）在工作中经常表现出良好的道德品质，积极推广符合伦理规范的知识行为，因此，员工会积极学习伦理型领导良好的道德品质和知识行为，减少对同事的知识隐藏（张笑峰，席酉民，2016；Men, Fong and Huo et al., 2020）。相反，自私型领导（self-serving leadership）则常常向员工传达一种"以我为中心"的行为方式，员工会学习这种行事风格，表现出对同事的知识请求漠不关心、隐藏知识（Peng，Wang and Chen，2019）。赵婷（2013）则证实了共享型领导（shared leadership）能够削弱员工的知识隐藏。

此外，在职场中，有些领导常常通过语言或非语言的方式对下属展现出敌意行为，具体表现为嘲讽、漠视、威胁、侮辱下属等，学者们将这种领导风格命名为领导辱虐管理（abusive supervision）。一些学者探讨了领导辱虐管理对员工知识隐藏的影响，发现领导辱虐管理不但会对员工的知识隐藏产生直接的正向影响，而且辱虐管理会通过工作不安全感、心理契约违背等对员工的知识隐藏起到间接作用（Feng and Wang，2019；Jahanzeb，Fatima and Boucke-nooghe et al.，2019；Pradhan，Srivastava and Mishra，2020；Agarwal，Avey and Wu，2021）。

尚玉钒、徐珺和赵新宇等（2016）则指出，现有研究多从某一特定领导方式出发，来探讨不同领导方式对员工知识隐藏的影响，这样研究的广度较为有限。他们从领导的语言框架这一更宽泛的视角出发，运用调节焦点理论探讨了高校科研团队中不同类型的领导语言框架对团队成员知识隐藏的影响，研究发现，团队领导的促进型语言框架对团队成员的知识隐藏有显著的负向影响，团队领导的防御型语言框架对团队成员的知识隐藏有显著的正向影响。

除了研究特定领导方式对员工知识隐藏行为的影响之外，部分学者也试图探究领导—成员交换（leader-member exchange）对员工知识隐藏的影响。领导—成员交换这一概念描述的是领导与下属之间的关系质量，高质量的领导—成员交换关系能够增强员工的组织认同感，从而抑制员工的知识隐藏行为发生（Zhao，Liu and Li et al.，2019）。事实上，在现实的组织中，领导往往与不同下属之间的关系质量有所差异，这就造成了员工常常会比较彼此与领导之间的交换关系质量。由此，学者们进一步提出了"向上的领导—成员交换社会比较"（upward leader-member exchange social comparision）这一概念，即"员工将自身与领导的关系质量与同事与领导的关系质量进行比较，并感知到同事具有更高的领导—成员交换关系"。因此，一些学者又进一步研究了向上的领导—成员交换社会比较对员工知识隐藏的影响机制，研究发现，向上的领导—成员交换社会比较容易诱发员工的嫉妒心理，从而引发其对同事实施更多的知识隐藏行为（Weng, Latif and Khan et al., 2020）。

综上所述，知识隐藏的研究正在兴起阶段。本小节对知识隐藏前因变量的国内外相关研究文献进行了系统性梳理。现有文献为认识和理解组织中员工知识隐藏行为产生的原因做出了重要贡献，但是仍然有许多问题亟待深入探讨，具体体现在四个方面。

（1）从总体上看，现有文献尚没有构建一个较好的整合性框架，难以系统性解释知识型团队成员知识隐藏的影响因素及其作用路径。现有文献多是从某个理论视角出发（如领地理论、社会学习理论、资源保存理论等），开展演绎导向的假设检验型研究（deductive hypotheses testing study），零散地探讨某个或某些变量对个体知识隐藏的影响，较少有研究采用归纳导向的理论构建型研究（inductive theory building study），自下而上构建知识隐藏影响因素的整合模型。知识隐藏作为目前知识管理领域一个前沿的研究方向，急需采用访谈等形式获取一手资料，根植于组织或团队的实际情况，采用质性研究方法来深入挖掘、探寻和归纳知识隐藏的影响因素，构建一个整合性理论框架，进而指导未来的定量研究。学者们也呼吁需要更多地采用质性研究方法来挖掘组织或团队内部成员知识隐藏的影响因素。① 更重要的是，通过对定性研究资料的分析，能够进一步厘清不同因素之间的关联关系，从而理解其对知识隐藏的作用路径。

（2）从知识隐藏在知识属性方面前因变量的研究文献来看，鲜有文献探讨知识社会属性能否对知识型团队成员的知识隐藏产生影响，以及通过何种过程机制影响知识隐藏。现有文献仅探讨了知识自然属性（复杂性、内隐性、嵌入性等）对员工知识隐藏行为的影响。学者们认为知识除了具备自然属性，还存在社会属性，即个体对知识所有权归属问题的心理判断，包含感知的知识个人所有权和感知的知识组织所有权两个维度，且知识社会属性也会影响个体的知识行为决策（Constant, Kiesler and Sproull, 1994; Jarvenpaa and Staples, 2001; 金辉, 2014; Jarvenpaa and Staples, 2000; 冯帆, 章蕾, 2014）。仅仅探讨知识自然属性，难以充分解释员工的知识行为决策，个体对知识所有权的

---

① Trusson C, Hislop D, Doherty N F. The Rhetoric of "Knowledge Hoarding": A Research-Based Critique [J]. Journal of Knowledge Management, 2017, 21 (6): 1540–1558.

认知才是导致个体是选择分享还是隐藏知识的关键因素。① 那么，知识社会属性——感知的知识所有权能否对知识型团队成员的知识隐藏产生影响，其影响机制是什么？相关研究亟待开展。

（3）从知识隐藏在团队氛围与领导方式方面前因变量的研究文献来看，现有研究较多关注领导方式和积极氛围（如知识共享氛围）对知识隐藏的影响，鲜有研究探讨消极氛围（如团队政治氛围）对知识型团队成员知识隐藏的影响及其作用机制。段锦云、王娟娟和朱月龙（2014）指出，消极氛围对个体和团队造成的影响往往要比积极氛围的影响更为深远。团队政治氛围作为一种特定的消极氛围将导致团队成员彼此防备和不信任，这很可能导致成员之间互相隐藏重要知识。本书中的政治氛围是组织行为学领域特定的学术用语，书中的"政治"一词仅表示职场中员工为了自身利益而从事自私自利且缺乏组织认可的行为，详见第5章。此外，相较于欧美企业，我国长期以来形成的"人治""圈子""关系"等文化也可能更容易导致企业或团队中形成较为浓厚的政治氛围（陈梦媛，2017）。因此，在中国组织情境下，剖析团队政治氛围对知识型团队成员知识隐藏的影响及其作用机制显得更为重要。

（4）从知识隐藏在知识行为主体层面前因变量的研究文献来看，鲜有研究关注黑暗人格特质对知识型团队成员知识隐藏的影响及其作用机制。现有文献对知识隐藏在知识行为主体层面的前因变量展开了相对较多研究，然而具体到知识拥有者的人格特质方面，文献多从传统的大五人格特质视角出发，探究大五人格特质与知识隐藏之间的关系，鲜有研究关注黑暗人格特质对知识隐藏的影响及其作用机制。事实上，组织行为学和心理学的研究文献已经证实：相对于传统的大五人格特质，黑暗人格三合一对于员工的负面行为具有更强的预测效度（Grijalva and Newman，2015；Harms and Spain，2015；O'Boyle，Forsyth and Banks et al.，2012）。韦伯斯特、布朗和茨威格等（2008）也呼吁需要进一步探究黑暗人格三合一对知识隐藏的影响及其作用机制。因此，深入探究黑暗人格特质对知识型团队成员知识隐藏的影响及其作用机制是当前面临的又一个重要问题。

---

① Osterloh M, Frost J, Rota S. Solving Social Dilemmas: The Dynamics of Motivation in the Theory of the Firm [J]. University Zürich Working Paper, 2001: 1 – 41.

2.5 知识隐藏的结果变量研究现状及评述

虽然本书关注的重点不是知识隐藏的结果变量，但是仍然有必要对国内外关于知识隐藏结果变量的研究文献进行梳理，以期对未来的研究有所启发。总体来看，目前国内外对于知识隐藏结果变量的研究文献较少，留有大量的研究空白，亟待后续研究的填补。现有文献主要探讨了知识隐藏对知识行为主体、团队和组织层面一些结果变量的影响。

2.5.1 知识行为主体层面的结果变量

关于知识隐藏在知识行为主体层面的结果变量，学者们主要探讨了知识隐藏对隐藏者创造力和工作繁荣的影响机制。一些学者基于社会交换理论，探讨了知识隐藏对隐藏者创造力的影响。例如，瑟尼、纳斯塔德和戴斯维克等（2014）、瑟尼、赫纳乌斯和戴斯维克等（Černe, Hernaus and Dysvik et al., 2017）、李永元和崔金南（2017）、黄爱华和黎子森（2016）的研究均发现知识隐藏不但对知识寻求者的创造力具有负面影响，而且知识隐藏对隐藏者的创造力也具有反噬效应，这主要是由于知识隐藏造成了知识互动主体间的不信任循环和消极互惠。另一些学者基于自我感知理论和工作繁荣的社会嵌入模型，研究发现知识隐藏行为对隐藏者自身的工作繁荣也具有显著的负向影响，这主要是由于知识隐藏行为会使得隐藏者本身意识到职场中没有一个安全的自我表达环境（Jiang, Hu and Wang et al., 2019）。王永贵教授团队则基于自我决定理论，探讨了感知的知识隐藏对销售人员销售绩效的影响，研究发现感知的知识隐藏对销售绩效具有显著的正向影响，这主要是由于感知到同事的知识隐藏弱化了员工的能力需求和归属需求，从而激发其产生更多自我决定的适应性行为，例如从外部学习和获取知识，最终提升自身的销售绩效。[①] 阿拉因、哈米

[①] Wang Y, Han M S, Xiang D et al. The Double-Edged Effects of Perceived Knowledge Hiding: Empirical Evidence from the Sales Context [J]. Journal of Knowledge Management, 2019, 23 (2): 279-296.

德和乌姆拉尼（Arain，Hameed and Umrani et al.，2021）进一步指出，在组织中除了同事之间会彼此隐藏知识，领导也会出于各种原因对员工隐藏知识，因此，他们基于社会认知理论，探讨了领导对下属的知识隐藏行为会对下属造成何种影响。研究发现，领导对下属的知识隐藏行为容易削弱下属的组织公民行为，增加下属的组织沉默行为。

一些学者也探讨了知识隐藏对知识寻求者和知识隐藏者双方人际关系的影响。康奈利和茨威格（2015）运用识解理论（construal theory），分别从知识隐藏者和知识寻求者两个视角，剖析了不同知识隐藏策略对双方人际关系的影响。他们的研究发现，知识隐藏者认为含糊隐藏和辩解隐藏会伤害未来双方的人际关系质量，而寻求者则认为含糊隐藏和装傻隐藏会伤害未来双方的人际关系质量。霍尔顿、罗伯特和珀森等（2016）等的研究同样发现知识隐藏会削弱双方的人际信任。

2.5.2 团队层面的结果变量

关于知识隐藏在团队层面的结果变量，现有文献主要探讨了知识隐藏对团队交互记忆系统、团队绩效和团队创造力的影响机制。例如，李浩和黄剑（2018）探讨了团队成员之间整体的知识隐藏水平对团队交互记忆系统的影响，发现团队知识隐藏对交互记忆系统的可信维度和协调维度均有显著的负向影响。部分学者研究发现，知识隐藏也会对团队绩效造成负面影响，这主要是因为团队成员之间的知识隐藏会削弱团队的学习能力且阻碍团队互动过程（Zhang and Min，2019；Evans，Hendron and Oldroyd，2014）。团队创造力指团队提出并实施创新性想法的能力，团队创造力在很大程度上依赖于团队成员之间彼此充分交流知识，当团队成员表现出高度的知识隐藏时，整个团队将很可能无法制定出理想的工作方案或无法获取一些关键性知识，从而使得整个团队创意的质量和数量均会受到损失，因此，目前学者们普遍认为知识隐藏会对团队创造力产生不利影响（Bogilović，Černe and Škerlavaj，2017；Fong，2018；Peng，Wang and Chen，2019）。

2.5.3 组织层面的结果变量

因为知识隐藏行为发生在个体之间的知识互动过程中，所以知识隐藏行为能否跨越多个层级自下而上形成组织层面的现象，这一问题本身在理论上就比较难以解释。所以，截至目前，关于知识隐藏对组织层面结果变量影响的研究成果十分缺乏。尽管如此，笔者在文献梳理的过程中仍然发现部分学者做出了一些有益的尝试，例如，康鑫和刘强（2016）研究发现，组织内部的知识隐藏对组织知识进化有显著的负向影响，容易造成组织知识活性降低，不利于组织知识应用和创新。

综上所述，相对于知识隐藏前因变量的研究成果，学术界对知识隐藏结果变量的研究文献较少。整体而言，学者们发现知识隐藏无论对知识隐藏者还是知识寻求者、团队或组织都存在消极效应。虽然对于知识隐藏结果变量的研究并不是本书关注的重点，但是未来仍然需要进一步深入探究知识隐藏是否以及如何会对个体、团队或组织一些重要的结果产生影响，需要对知识隐藏的影响效应和边界条件展开进一步地探索，从而使得管理者能够采取合理的措施在事后降低和缓解知识隐藏可能带来的负面效应。

2.6 本章小结

本章对知识隐藏的维度与测量、知识隐藏与知识保留、知识囤积在概念上的区别、知识隐藏与知识共享两者之间的关系，以及知识隐藏的前因变量和结果变量的国内外相关研究文献进行了系统的梳理，并进行了相应的评述。现有文献为本书中所涉及的研究内容的顺利开展奠定了良好的基础，同时对文献的综述与评述也有助于在理论层面发现新的研究缺口。

第3章　知识型团队成员知识隐藏影响因素的整合模型

本章运用扎根理论的质性研究方法，开展归纳导向的理论构建型研究。通过深度访谈的方式获取研究所需的数据资料，借鉴系统科学领域的物理—事理—人理系统方法论的思想，对知识型团队成员知识隐藏的影响因素进行深入挖掘和系统归纳，并厘清不同类别因素对知识型团队成员知识隐藏的影响方式和路径，构建知识型团队成员知识隐藏影响因素的整合模型。本章的研究也将为后续第4章至第6章开展演绎导向的假设验证型研究奠定基础。

3.1　扎根理论

扎根理论（grounded theory）是社会学家格拉泽和斯特劳斯（Glaser and Strauss, 1967）提出的一种质性研究方法，该方法的核心是基于对原始资料的分析和归纳，自下而上构建一个关于某一研究问题或现象的整合性框架或实质性理论。扎根理论有效地连接了实证研究和理论构建之间的鸿沟，[①] 为质性研究提供了具体的研究策略和分析程序。徐建中和曲小瑜（2014）指出，扎根理论尤其适用于缺乏理论解释或现有解释力不足的研究问题，挖掘新兴行为或现象的内涵和外延，并能够系统提炼出行为或现象的影响因素及其作用路径。

潘迪特（Pandit, 1996）在回顾了运用扎根理论开展研究的文献的基础之

[①] 孙晓娥. 扎根理论在深度访谈研究中的实例探析［J］. 西安交通大学学报（社会科学版），2011, 31（6）: 87-92.

上，总结出了扎根理论研究的基本流程，如图 3-1 所示，主要包括研究问题、文献探讨、资料收集、资料分析、理论构建和研究结论共 6 个基本步骤。

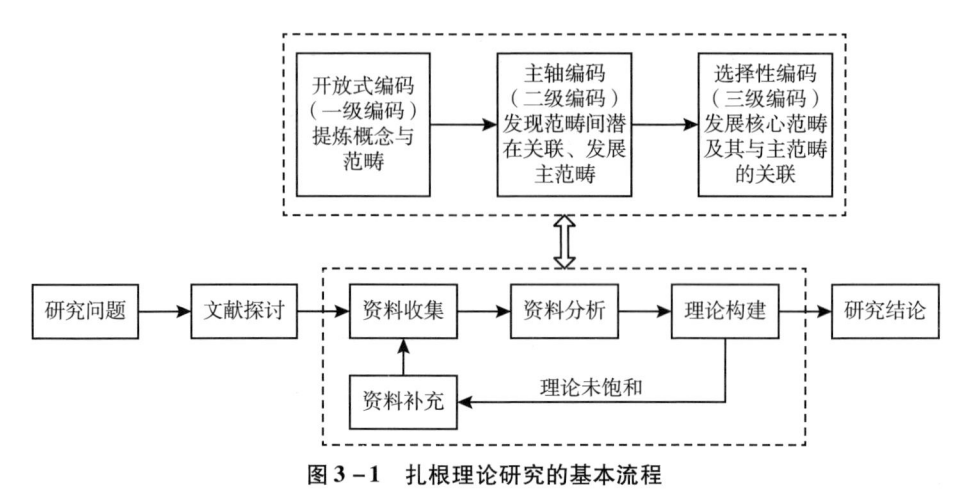

图 3-1　扎根理论研究的基本流程

资料来源：Pandit N R. The Creation of Theory：A Recent Application of the Grounded Theory Method [J]. The Qualitative Report, 1996, 2 (4)：1-15.

潘迪特（1996）指出扎根理论研究的六个基本步骤是循环往复、不断深入的过程。例如，资料收集能够为资料分析提供基础，而资料分析又能够为下一步有针对性地进行资料收集提供方向。在上述 6 个基本步骤中，最关键的步骤是对原始资料的分析。斯特劳斯和科尔宾（Strauss and Corbin, 1990）总结和归纳出了一整套完备的资料分析流程，主要包括开放式编码（opening coding）、主轴编码（axial coding）和选择性编码（selective coding）三个编码过程。开放式编码指研究者尽量抛弃自有的"偏见"和研究界的"定见"，持有"开放"的态度，将研究资料打散、审视和比较，进行概念化，然后再以新的方式将概念重新组合起来，即范畴化的过程。开放式编码的目的在于提炼概念，并发现概念所属的范畴，确定范畴的属性和维度。主轴编码指研究者每次只围绕一个范畴进行深入分析，挖掘该范畴与其余范畴之间的潜在关联，因此称之为"主轴"，并在此基础上发展出能够囊括若干范畴的主范畴的过程。选择性编码指研究者发展出一个能够统领重要概念和范畴的核心范畴的过程。①

---

① 陈向明. 扎根理论的思路和方法 [J]. 教育研究与实验, 1999 (4)：58-63.

选择性编码的"选择性"体现在只对那些能够与核心范畴在一个既简单又紧凑的理论中有足够重要关联的概念和范畴所进行的编码（费小冬，2008）。

陈向明（1999）对扎根理论使用过程中的基本思路进行了总结，指出研究者要遵循以下六个方面的基本思路：（1）从资料中产生理论框架，即理论框架一定要基于原始资料，要有经验事实作为依据；（2）保持对理论的敏感度，即对自己现有的理论、前人的理论以及资料呈现的理论保持敏感度，注意捕获新的理论构建线索；（3）运用不断比较的方法，即需要在资料和资料、资料和理论、资料和文献等之间进行持续不断的比较，直到未能发现新的概念和范畴；（4）采用理论抽样方法，即在资料分析过程中，可以将资料初步生成的理论作为下一步资料收集的基础；（5）灵活运用文献，即原始资料、个人理解和现有文献成果形成一个三角互动的关系；（6）理论性评价，即构建的理论应该能够适用于真实的世界，适用于广泛的场景，与研究对象紧密相关，可以随时被修正调整（Partington，2000）。

3.2 物理—事理—人理系统方法论

物理—事理—人理系统方法论（Wuli-Shili-Renli System Approach，WSR）是系统科学领域中带有中国传统哲学思维的一种整合系统方法论。WSR 既是一种方法论，又是一种系统性分析理论思维，尤其适用于解决有人的因素涉入的问题（张彩江，孙东川，2001）。钱学森、许国志等于20世纪70年代提炼出"物理"和"事理"两个方面，顾基发和朱志昌在此基础上进行了进一步的发展，增加了"人理"这一重要方面，并于1995年首次提出物理—事理—人理系统方法论（Gu and Zhu，1995）。国际系统科学学会将 WSR 与 TOP（technical perspective，organizational perspective，personal perspective），MMD（multi-modal systems design），TSI（total system intervention）共同并列为重要的"整合系统方法论"。[①]

[①] 顾基发，唐锡晋，朱正祥. 物理—事理—人理系统方法论综述［J］. 交通运输系统工程与信息，2007，7（6）：51-60.

顾基发、唐锡晋和朱正祥（2007）总结指出，作为一种整合系统方法论，WSR 中的"物理"指的是客观实在中物质的属性，通常要回答"物是什么"的问题；"事理"指的是组织、系统管理和做事的规则制度等，通常要回答"如何去做"的问题；"人理"指的是人、群体和关系等，通常要回答"由谁去做"等问题。WSR 指出要想系统地解决一个现实问题，需要同时考虑"物理""事理""人理"三个方面，并做到协调统一。

WSR 方法论已经在诸多研究领域得到了应用与发展。例如，佟雪铭（2008）将 WSR 应用到了人力资源开发领域，构建了企业人力资源开发系统的物理因素、事理因素和人理因素的三维体系和绩效函数模型；柳长森、郭建华和金浩等（2017），刘家国、孔玉丹和周欢等（2018），姬荣斌、何沙和余晓钟（2018）将 WSR 应用于风险管理和应急管理研究领域；徐维祥和张全寿（2000），李露凡和舒欢（2014）将 WSR 应用于项目评价之中，从物理、事理和人理三个方面构建相应的评价指标体系。

随着 WSR 方法论的成熟与发展，部分学者逐渐将其引入知识管理领域的研究之中。刘旸、张玲玲和黄安强等（2009），陈伟和付振通（2013），李柏洲、徐广玉和苏屹（2014），蒋甲丁、肖潇和张玲玲（2021）等学者指出在知识管理领域中，"物理"指的是知识属性，"事理"指的是组织管理、安排调度和规则制度等，"人理"指的是知识行为的主体和受体等。因此，本书试图借鉴 WSR 的理论思想，将其应用到知识型团队成员知识隐藏影响因素的研究之中，深入挖掘"物理""事理""人理"三个类别具体由哪些关键因素构成，并厘清不同类别对知识型团队成员知识隐藏的影响方式和作用路径，构建知识型团队成员知识隐藏影响因素的整合模型。

3.3　研究方法与资料收集

3.3.1　研究方法

目前学术界对于知识型团队成员知识隐藏影响因素的研究正处于起步阶段，学者们对于这一问题还没有形成统一的认识，研究者们往往从某个理论视角出发（如资源保存理论），试图解释个别变量与知识隐藏之间的关系，虽有一定的理论贡献，但由于理论视角的局限性，研究的深度和广度有限。学者们也呼吁更多地采用质性研究方法来对知识型团队成员知识隐藏影响因素进行深入挖掘和系统归纳（Trusson，Hislop and Doherty，2017），以更好地解释这一行为产生的原因。扎根理论质性研究方法具有一套成熟的研究流程和思路，被证实为能够有效且深入地挖掘行为或现象背后的影响因素。此外，与基于问卷的定量研究方法不同，扎根理论构建的理论模型能够根植于现实存在的资料，并能够厘清不同类别因素之间的关联关系，而不用从某一理论视角出发，仅仅分析某个或某些相关因素。

有鉴于此，本章将运用扎根理论的质性研究方法，遵循其研究流程和思路，通过深度访谈获取数据资料，进行编码分析，自下而上构建知识型团队成员知识隐藏影响因素的整合模型。

3.3.2 资料收集

本章研究通过半结构化问卷的方式对具有代表性的知识型团队的成员进行一对一深度访谈，获取相关访谈资料作为本章研究的数据资料。采用理论抽样（theoretical sampling）的方法，按照访谈数据资料浮现的理论为指导，决定下一步收集什么样的资料和从哪里收集资料。样本数量的确定按照扎根理论研究要求的理论饱和（theoretical saturation）为准则，即新的受访者提供的资料不再有新的重要信息出现、不能够进一步发展提炼出新的范畴为止（Glaser and Strauss，1967）。

本章研究在黑龙江省哈尔滨市展开，最终共获取了来自5个典型知识型团队共计31名受访者的访谈资料。其中，2个团队从事软件开发，1个团队从事电机产品研发，1个团队从事医药产品研发，1个团队从事电子信息类产品的市场营销。因此，5个知识型团队既包含了开发创造知识密集型产品的团队，也包含了提供知识密集型服务的市场营销团队，具有典型性和代表性。为了使得访谈对象尽可能涵盖团队中不同层次的员工，从而保证获取数据资料的全面性，访谈对象既包含5个知识型团队的领导，也包括了高级、中级和初级职称的团队员工。研究者在与企业或团队负责人的前期联系过程中，明确告知了该项研究的目的,并保证不会披露企业、团队及其员工的相关信息。

受访者的人口统计学资料如表3-1所示。从性别来看,男性占比为61.3%,女性占比为38.7%;从年龄来看,受访者的平均年龄为34岁,最大为62岁,最小为24岁,其中30~39岁的人数占比最多,为35.5%;从教育水平来看,所有受访者均为本科及其以上学历获得者,其中本科学历占比45.2%,硕士学历占比48.4%,博士学历占比6.4%;从团队任期来看,1年以下占比为19.4%,1~3年占比为29.0%,3~5年占比为32.3%,5年以上占比为19.3%;从工作职称来看,团队领导占比16.1%,高级职称占比19.4%,中级职称占比41.9%,初级职称占比22.6%。

表3-1 受访者的人口统计学资料

指标	分类	频数	占比（%）	指标	分类	频数	占比（%）
性别	男	19	61.3	团队任期	1年以下	6	19.4
	女	12	38.7		1~3年	9	29.0
年龄	30岁以下	9	29.0		3~5年	10	32.3
	30~39岁	11	35.5		5年以上	6	19.3
	40~49岁	6	19.4	工作职称	团队领导	5	16.1
	50~59岁	4	12.9		高级职称	6	19.4
	60岁及以上	1	3.2		中级职称	13	41.9
教育水平	本科	14	45.2		初级职称	7	22.6
	硕士	15	48.4		—	—	—
	博士	2	6.4		—	—	—

资料来源:笔者根据受访者的资料整理。

本章研究采用一对一深度访谈的方式来收集原始资料。一对一深度访谈的优点在于能够提供给受访者足够的时间来思考和表达他们的想法,访谈者还能够进一步观察受访者的面部表情和体会受访者的心理活动(王建明,王俊豪,2011)。在访谈前一周左右,笔者通过电话或短信的方式与受访者取得联系,预约访谈的时间和地点,并详细阐述知识型团队成员知识隐藏的内涵,即团队中的知识拥有者在明确面临团队中其他成员知识请求的情况下,通过故意隐瞒和刻意掩饰等策略避免披露知识的行为。在正式访谈开始的时候,访谈者再次就知识隐藏的内涵进行了说明,确保受访者能够理解研究的议题。在访谈的过程中,采用了变换问题角度的方式,即主要了解受访者对团队成员知识隐藏的动机与影响因素的看法,而不是直接询问受访者自身的知识隐藏行为,更注重受访者对问题的补充回答,能够体现受访者的心理动态和思考过程。变换问题角度的方法可以有效地避免社会称许性偏差,避免不诚实的回答(罗瑾琏,李鲜苗,2012)。每次访谈的时间约为1个小时左右,在征得受访者同意的前提下,访谈者对访谈的内容进行了录音,并撰写相应的访谈备忘录。

访谈的主要提纲如下:(1)您觉得在您的工作团队中是否存在知识隐藏的现象?(2)您认为团队中的知识拥有者可能出于哪些原因隐藏知识?(3)您认为团队领导如何做可能会减少团队成员的知识隐藏行为?(4)您认为团队的哪些规则或领导的哪些行为可能会导致团队成员之间互相隐藏知识?(5)您认为什么样的知识可能会被隐藏?(6)您认为团队中知识请求者的哪些习惯、行为等可能会导致知识拥有者对他们隐藏知识?(7)您认为在什么样的团队中,团队成员之间互相隐藏知识的现象可能会比较严重?(8)您认为团队成员的知识隐藏可能会带来哪些有利或不利的后果?

访谈时,尽量引导受访者以讲故事的方式描述团队中的案例,并在捕捉到受访者关注的因素或概念的时候,进一步深入追踪提问。

3.4　资料分析与模型构建

资料分析主要通过对获取的研究资料进行开放式编码、主轴编码、选择性编码3个步骤来探寻知识型团队成员知识隐藏的影响因素,并构建影响因素的整合模型。数据分析过程中采用持续比较(constant comparison)的分析思路,不断提炼和修正理论模型,直至达到理论饱和(即新获取的资料不再对理论建构有新贡献)。

资料的编码是由两位经过专门训练的研究者独立开展,进行概念和范畴的提炼,并且在各自编码完成之后,进行比照,对于两者未能达成一致的概念或范畴进行讨论确定,从而提高研究结论的信度和效度。参考王建明和王俊豪

(2011) 的做法，随机选取了一个知识型团队共 5 名受访者的访谈资料（包含 1 名团队领导、1 名高级职称员工、2 名中级职称员工和 1 名初级职称员工）留作理论饱和度检验，对其余 4 个团队共计 26 名受访者的数据资料进行编码分析和理论模型构建。

3.4.1 开放式编码

开放式编码（一级编码），是对原始资料进行逐句或逐段进行编码，贴标签、概念化和范畴化的过程。王建明和王俊豪（2011）建议研究者应当尽量使用受访者的原始词汇或短语进行贴标签和提取概念，这样做的目的在于避免研究者固有的偏见或理解对编码的过程造成影响。本章研究遵循上述建议，并剔除了没有任何实质性内容的访谈记录。最终，共计得到 403 条有实质内容的语句及其相应的概念。笔者在分析上述语句和概念的过程中，发现一些语句和概念存在重叠或交叉的成分，具有相同的属性，因此，进一步对上述概念进行范畴化，即将相同和相似的概念进行归类，并对其进行命名。在进行范畴化的过程中，剔除掉了只出现一次的概念或者前后矛盾的概念，王建明和王俊豪（2011）也指出剔除信息量很少、不重要或矛盾的概念能够使研究内容进一步聚焦于核心因素。开放式编码的结果见表 3 – 2。从表 3 – 2 中可以看出，通过开放式编码，最终抽象出 13 个范畴。

表 3 – 2　　　　　　　　　　开放式编码结果

范畴	原始语句（初始概念）
知识自然属性	一般，如果某项知识很复杂，需要花很长的时间去教授，有些人可能就会敷衍了事，或者假装自己也不会（复杂性知识）
	很多知识是隐性的，知识所有者知道怎么做，却不知道怎么表述，这种情况也可能导致不分享知识（内隐性知识）
	一些关键技术是需要在产品设计的过程中才会使用，这些技术都是内嵌在具体的设计方案里，不方便讲解（嵌入性知识）

续表

范畴	原始语句（初始概念）
知识社会属性	如果知识是通过自己的资源和努力而获得的，并没有借助公司的资源，那么会认为这项知识是我个人的（个人所有/我的知识）
	团队集体培训学习收获的知识，我认为理应属于大家共有，分享这些知识也能听听别人的理解，加深我的认识（公共所有/我们的知识）
知识寻求者动机	现在团队中个别的小年轻，已经不像我们那时候能够静下心来刻苦钻研，他们总是想捡现成的知识，不愿意自己花费时间，我是不喜欢帮助这种人（捡现成的知识）
	如果知识请求者表现出一种令人反感的贪婪态度、不谦虚，那么知识所有者很可能不会透露相关知识（机会主义）
	如果觉得对方不真诚，只是单纯地利用自己，那么很可能会隐藏知识（利用意图）
知识寻求者能力	要是这个人"一点就通"，当他（她）向别人询问知识的时候，比那些干教不会的人，更可能得到帮助（吸收能力）
	有的人平时给人的印象就是学东西很慢啊，自己又不懂得举一反三，那么他（她）在向同事寻求知识的时候，就很可能碰壁（学习能力）
	我们工作中用的编辑器是 Source Insight，有些新来的员工以前没怎么接触过，这时候就需要自己主动去学习，不能什么都问老员工，培养动手能力很重要（动手能力）
人格特质	为人和善，有同情心的人更愿意帮助同事，分享知识（亲和型）
	责任心强的员工喜欢帮别人解决问题（尽责型）
	警言慎行的人可能在遇到别人询问知识的时候保持沉默（谨言慎行）
	自私自利的人常常就是事不关己高高挂起（自私自利）
	有的人很傲慢，不喜欢帮助别人（傲慢）
	功利主义者更看重分享知识能否在将来给自己带来好处，如果他（她）认为你将来对他（她）有用，甚至都不用你去询问，会主动发现你的工作难处，提供帮助，但是如果认为你将来对他（她）没什么用，即使你问了，他（她）也会冷眼相待，拒绝分享知识（功利主义）
规避损失	职场中有些时候需要留一手，避免未来可能带来的利益损失（利益损失）
	有些人会因为担心丧失了知识独占性，在同事中就没有了竞争优势，丧失了知识权力，所以在被寻求知识的时候选择隐藏（知识权力损失）
	教会徒弟，饿死师傅（被替代）

续表

范畴	原始语句（初始概念）
规避成本	时间是一个重要的因素，大家的工作量都很大，如果花费太多时间在别人身上，很可能造成不能保质保量地完成自己的工作（时间成本）
	我们团队中每个人的工作压力都很大，有些人可能不想消耗自己的精力，来应付别人的问题（精力成本）
	如果传授某项技能需要消耗知识所有者本身的一些资源，比如消耗一些原材料，那么很可能会隐藏知识（资源成本）
知识效能感	有时候同事来询问知识，虽然我以前用到过，但我很担心因为时间长了，记忆模糊了，给讲错了（缺乏信心）
	担心说不清楚，事倍功半（怕说不清楚）
	如果不能确定自己知道的是否就是对方想了解的知识，为了避免误导他人，选择不告知（避免误导）
双方人际关系	平时打交道少的同事，可能就会拖延（关系强度）
	同事间的交往经历肯定是一个原因，比如你干什么事的时候，对方故意为难你，不提供应有的帮助，那我也不会帮助他（她），但是如果对方在工作中常常帮助我，那我肯定也会努力帮助他（她）（人际互惠）
	当不信任对方的时候，最好一个字也不要说（人际信任）
制度技术情境	从我作为团队领导的角度来说，能不能有好的制度来激励大家伙分享知识才是关键（知识共享激励制度）
	我们团队每周五下午都会开例会，专门探讨一周工作中遇到的疑难问题或者由一个人讲解某项技术，这样对于讲解的人，就有足够的时间来把问题说清楚，同样，大家也能消化吸收（例会制度）
制度技术情境	我们公司有个不成文的规定，就是每天下午有30分钟的茶歇时间，大家喝喝咖啡，品品茶的同时交流一些工作上的难题（茶歇制度）
	像OA办公系统、钉钉等办公软的使用使得大家之间的交流更加方便快捷（技术平台支持）
团队氛围	团队整体的氛围很重要，开放、鼓励分享的氛围更有利（知识共享氛围）
	奖罚分明、公平公正，有利于团队成员之间分享知识（公平公正氛围）
	在相互竞争的环境下，大家肯定会对彼此有所保留（竞争氛围）
	如果团队内部整天钩心斗角，员工之间存在派系之争、站队行为，那就造成一种现象：只能对自己人分享一些知识和信息，对于外人要严防死守（政治氛围）

续表

范畴	原始语句（初始概念）
领导方式	领导的示范作用会对下属造成影响，如果领导就是打压下属，害怕下级在能力上超过他，对他造成威胁，对下级隐藏知识，那么整个团队很可能受到影响，大家彼此防范；如果领导本身就是很开放，积极分享知识，也能带动大家的积极性，减少隐藏（领导行为示范）
	领导语言上常常表达对大家的不满，关注大家工作上的失误，大家很可能担心犯错，减少分享知识；只有常常在讲话中鼓舞、激励大家，才能调动大家的工作热情（领导语言）
	对下属之间的工作交流、分享知识要多一些积极的反馈（领导反馈）
任务安排	如果某项技能，对于知识拥有者和寻求者完成共同的任务必不可少，那么知识所有者更愿意贡献知识（任务互依度）
	任务安排上要提高透明度，大家彼此熟知各自的任务，这样大家都明白谁会什么，谁在做什么，别人再问他（她）的时候，总不能装傻说不知道吧（任务可见度）

资料来源：笔者自制。

3.4.2 主轴编码

主轴编码（二级编码）是挖掘范畴之间的潜在关联并发展主范畴的过程。通过分析归纳范畴的性质和关联，使得范畴之间的联系更加紧密。在发展主范畴的过程中，陈向明（1999）指出不但要时刻保持对理论的敏感度，而且要灵活运用文献，从而使得原始资料、个体理解和文献形成三角互动的关系。本章研究根据不同范畴在概念层次上的相互关系，以及逻辑次序对其进行归类，发现物理—事理—人理系统方法论（WSR）的思想能够很好应用于本章的研究之中。因此，本章研究通过主轴编码进一步归纳出3个主范畴，分别命名为"物理因素""事理因素""人理因素"。物理因素这一主范畴指的是知识的属性，包括知识自然属性和知识社会属性；事理因素这一主范畴指的是团队的制度安排和领导风格等团队层面因素，包含制度技术情境、团队氛围、领导方式和任务安排；人理因素这一主范畴指的是知识寻求者、知识拥有者及其双方人际关系等知识互动双方因素，包含知识寻求者的动机与能力，知识拥有者的人格特质、规避损失、规避成本、知识效能感和双方人际关系。主轴编码的结果见表3-3。

表 3-3　　　　　　　　　　　主轴编码的结果

主范畴	对应范畴	关系内涵
物理因素	知识自然属性	知识的复杂性、内隐性和嵌入性等固有的自然属性会导致知识拥有者不易表达和展示知识
	知识社会属性	知识拥有者对知识所有权的主观判断，认为知识所有权属于个人所有（我的知识）还是组织所有（我们的知识）
事理因素	制度技术情境	团队能否制定相应的激励制度、茶歇制度或例会讨论制度，以及搭建相应的技术平台等为员工的知识互动提供支持
	团队氛围	团队内部是否形成了良性的知识共享氛围和公平公正氛围，还是形成了不良的竞争氛围和政治氛围
	领导方式	团队领导的行为示范、语言和反馈方式属于促进型还是防御型
	任务安排	团队成员任务安排上的互依性程度和可见性程度
人理因素	知识寻求者动机	知识寻求者的利用或机会主义等负面动机会招致知识隐藏
	知识寻求者能力	知识寻求者的学习、理解或动手等能力越低，知识拥有者越可能隐藏知识，从而避免时间和精力的浪费
	人格特质	知识拥有者的亲和型、尽责型、谨言慎行、自私自利或功利主义等人格特质会影响员工的知识隐藏行为
	规避损失	知识拥有者为了规避自身利益损失、知识权力损失或被替代等，会选择隐藏知识
	规避成本	知识拥有者在分享知识的过程中需要花费时间、精力和资源等成本，员工会优先将时间、精力等分配到自身工作上，成本因素会影响知识隐藏
	知识效能感	知识拥有者对自身知识正确性和无误性的信心会影响知识隐藏
	双方人际关系	知识寻求者和知识拥有者双方的人际关系强度、人际互惠和人际信任等会影响知识隐藏

资料来源：笔者自制。

3.4.3　选择性编码

选择性编码（三级编码），是分析主范畴之间典型的联结关系，从主范畴中发展核心范畴，并以"故事线"的形式描述行为现象的脉络条件，完成"故事线"后实际上也就发展出新的实质性理论框架。本章通过选择性编码得到主范畴的典型关系结构（见表 3-4）。

表 3-4　　　　　　　　　　主范畴的典型关系结构

典型关系结构	关系结构的内涵
物理因素——→知识隐藏	物理因素会对知识隐藏产生重要影响，属于远端前置因素（远端前因）
事理因素——→知识隐藏	事理因素会对知识隐藏产生重要影响，属于外部驱动因素（外驱因素）
人理因素——→知识隐藏	人理因素会对知识隐藏产生重要影响，属于内部驱动因素（内驱因素）
物理因素——→人理因素——→知识隐藏	物理因素通过人理因素而间接影响知识隐藏（中介机制）
事理因素——→人理因素——→知识隐藏	事理因素通过人理因素而间接影响知识隐藏（中介机制）
事理因素　　事理因素 　　↓　　　　↓ 物理因素——→人理因素——→知识隐藏	事理因素是知识隐藏的边界情境条件（调节机制）

资料来源：笔者自制。

本章研究最终确定的核心范畴为"知识型团队成员知识隐藏的影响因素及其作用路径"，围绕这一核心范畴的"故事线"可以表述为：物理因素、事理因素和人理因素对知识型团队成员的知识隐藏有重要影响；物理因素是知识隐藏的远端前置因素；事理因素是知识隐藏的外部驱动因素；人理因素是知识隐藏的内部驱动因素；物理因素和事理因素通过人理因素的间接作用而影响知识隐藏（中介机制）；事理因素还起到情境边界条件的作用（调节机制）。以此故事线为基础，本章构建和发展了一个全新的整合性理论框架，称为"知识型团队成员知识隐藏影响因素的整合模型"（物理/事理/人理—知识隐藏模型，简称 WSR-KH），如图 3-2 所示。该模型中 W 代表物理因素，S 代表事理因素，R 代表人理因素，KH 代表知识隐藏。

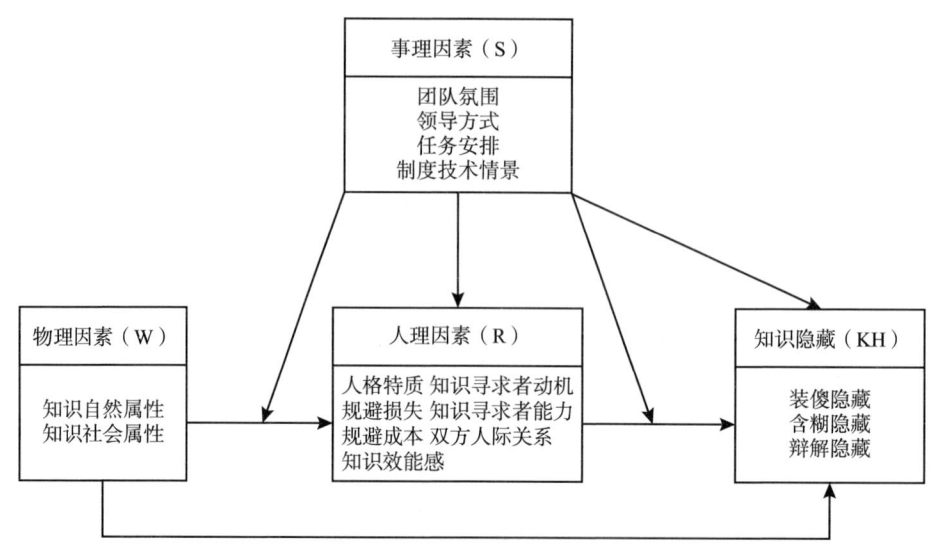

```
                    事理因素（S）
                    ┌──────────┐
                    │ 团队氛围   │
                    │ 领导方式   │
                    │ 任务安排   │
                    │ 制度技术情景│
                    └──────────┘
```

图 3 - 2 知识型团队成员知识隐藏影响因素的整合模型（WSR – KH 模型）

资料来源：笔者自绘。

3.4.4 理论饱和度检验

笔者用随机抽取出来的一个知识型团队共计 5 名受访者的访谈资料进行理论饱和度检验。结果显示，模型中的范畴已经得到了充分的发展，对于 WSR – KH 模型中的三个主范畴（物理因素、事理因素和人理因素），5 名受访者的访谈资料均没有提供额外的新的重要范畴和关系。因此，可以认为，上述"WSR – KH"模型在理论上是饱和的。

3.5 模型阐释和研究发现

基于以上分析，本章构建的"WSR – KH"整合模型可以有效地阐释知识型团队成员知识隐藏的影响因素及其作用路径。具体来说，知识型团队成员知识隐藏的影响因素可以概括为以下三个主范畴：物理因素、事理因素和人理因素，然而上述三个主范畴对知识隐藏的作用方式和路径并不一致。下面将对 WSR – KH 模型进行具体阐述。

3.5.1 物理因素

物理因素是指与知识属性有关的因素，包含知识自然属性和知识社会属性两个因子。知识自然属性指知识本身固有的客观属性，与知识拥有者的主观意识无关，知识的自然属性体现在知识的复杂性、内隐性和嵌入性等；知识社会属性指个体对知识所有权的主观意识判断（金辉，2014），包含感知的知识个人所有权和感知的知识组织所有权两个方面。阿尔戈特、麦克维利和里根斯（Argote，Mcevily and Reagans，2003）从"知识是属于公共物品还是私人物品"的视角对知识的社会属性进行了界定。金辉（2013，2014）指出虽然从法定产权层面可以将一些知识（如专利、版权等）划分为私人物品还是公共物品，但是在现实的组织中，这种知识仅仅是冰山一角，组织中大量的知识依附于个体而存在，很难清晰地界定知识的所有权问题，尤其是个体所拥有的隐性知识，个体总是通过主观意识来对知识所有权进行判断。本章研究通过深度访谈，发现知识型团队成员对自身所拥有知识的所有权认知包含"个人所有/我的知识"和"公共所有/我们的知识"两个方面。

物理因素是影响知识型团队成员知识隐藏的远端前置因素。物理因素主要通过人理因素的中介作用而对知识隐藏产生间接影响，即呈现的作用路径为"物理因素—事理因素—知识隐藏"。

对于知识自然属性而言，复杂性、内隐性和嵌入性知识的分享极大提高了个体所需付出的时间、精力或资源成本，为了规避成本，员工往往选择隐藏这些知识。例如，受访者提到："一般，如果某项知识很复杂，需要花很长的时间去教授，有些人可能就会敷衍了事，或者假装自己也不会。"对于知识社会属性而言，不同的知识所有权感知（"我的知识"或"我们的知识"）通过影响个体的损失规避意识，从而间接影响知识隐藏。例如，受访者提到："如果知识是通过自己的资源和努力而获得的，并没有借助公司的资源，那么会认为这项知识是我个人的""分享个人私有知识很可能造成自身利益受到损失""团队集体培训学习收获的知识，我认为理应属于大家共有，分享这些知识也能听听别人的理解，加深我的认识"等。冯德伦克（2015）也指出拥有组织稀缺的私有知识会引发员工产生知识领地心理，个体为了避免知识领地损失而隐藏知识。

3.5.2 事理因素

事理因素指团队做事的制度安排、领导方式或营造的氛围等团队层面的因素，包含制度技术情境、团队氛围、领导方式和任务安排共四个因子。制度技术情境指团队能否制定相应的知识共享激励制度、茶歇制度或例会讨论制度等，以及搭建相应的技术平台来推动员工之间的知识交流和互动；团队氛围指团队内部是否形成了良性的知识共享氛围和公平公正氛围，或不良的竞争氛围和政治氛围；领导方式指领导的行为示范、语言或反馈属于促进型还是防御型；任务安排指团队在成员任务安排上的互依性程度和可见性程度。事理因素是影响知识型团队成员知识隐藏的外部驱动因素。事理因素能够通过两种方式影响知识型团队成员的知识隐藏。

（1）事理因素通过人理因素的中介作用而对知识隐藏产生间接影响，即呈现的作用路径为"事理因素—人理因素—知识隐藏"。对于制度技术情境而言，良好的激励制度、高效技术平台支持能够增强员工知识分享的动机、提供宽裕的知识交流机会、降低员工知识分享的成本，从而削弱知识隐藏。这与行为的动机—机会—能力理论（motivation-opportunity-ability theory，MOA）相一致，MOA理论认为个体的行为同时受到动机、机会和能力的影响（Siemsen, Roth and Balasubramanian, 2008）。良好的制度技术情境能够有效地提升员工的知识共享动机和提供大量的分享交流机会，减少知识隐藏。例如，受访者提到："我们公司有个不成文的规定，就是每天下午有30分钟的茶歇时间，大家喝喝咖啡，品品茶的同时交流一些工作上的难题。"可见，茶歇制度通过影响员工的规避时间成本而间接影响知识隐藏。对于团队氛围而言，当员工在团队中体验到更多的积极氛围（如知识共享氛围、公平公正氛围）时，团队成员之间容易形成良好的人际关系；相反，当员工在团队中体验到更多消极氛围（如政治氛围、竞争氛围），团队成员之间容易产生不信任、彼此防备等不良的人际关系模式，最终影响成员间的知识隐藏。例如，受访者提到："如果团队内部整天钩心斗角，员工之间存在派系之争、站队行为，那就造成一种现象：只能对自己人分享一些知识和信息，对于外人要严防死守。"对于领导方式而言，当团队领导的行为示范、语言和反馈方式表现为促进型的时候（如领导表现出模范带头作用和激励员工），团队成员更多地产生"学习和发展"的心态，从而激发工作热情和有利于团队的行为；当团队领导的行为示范、语言和反馈方式表现为防御型的时候（如领导表现出自私自利、打压下属等），团队成员更多地产生"防备和避免犯错"的心态，抑制团队成员之间的自由交流，从而表现出更多的知识隐藏。例如，受访者提到："领导的示范作用会对下属造成影响，如果领导就是打压下属，害怕下级在能力上超过他，对他造成威胁，对下级隐藏知识，那么整个团队很可能受到影响，大家彼此防范；如果领导本身就很开放，积极分享知识，也能带动大家的积极性，减少隐藏。"对于任务安排而言，如果团队成员之间的工作具有较强的互依性和可见性，那么能够增强团队成员之间的了解和信任度，从而降低知识隐藏；当团队成员之间的工作彼此独立，容易增加员工之间的人际距离，从而增强知识隐藏。例如，受访者提到："如果某项技能，对于知识所有者和寻求者完成共同的任务必不可少，那么知识所有者更愿意贡献知识。"

（2）事理因素能够影响物理因素和人理因素对知识隐藏的作用强度或方向，属于知识型团队成员知识隐藏的边界情境条件。首先，事理因素能够影响"物理因素—人理因素"作用路径的强度或方向，从而间接影响知识隐藏，表现为"被调节的中介作用"。例如，受访者提到："我们团队每周五下午都会开例会，专门探讨一周工作中遇到的疑难问题或者由一个人讲解某项复杂的技术，这样对于讲解的人，就有足够的时间来把问题说清楚，同样，大家也能消化吸收。"因此，可以看到，当团队具有良好的制度技术情境、能够提供足够的时间或机会时，能够降低知识自然属性知识复杂性对于团队成员规避时间成本的影响，从而削弱知识隐藏。同样，现有研究文献也指出，当团队成员的任务安排上具有高度互依性的时候，能够降低知识个人所有权感知对团队成员知识领地损失的担忧心理的影响（Huo，Cai and Luo et al.，2016）。这是因为团队成员彼此之间都需要对方的知识，从而才能完成工作任务，此时分享知识带来的收益要大于员工隐藏知识可能带来的损失，即团队成员之间的任务互依性能够影响知识社会属性与规避损失之间的关系，从而间接削弱知识隐藏。其次，事理因素还能够影响"人理因素—知识隐藏"作用路径的强度和方向，表现为调节作用。例如，受访者提到："在相互竞争的环境下，大家肯定会对彼此有所保留，为了保证自己的利益，很可能会隐藏知识。"由此，可以看到，团队竞争氛围能够增强团队成员利益损失对知识隐藏的影响，即团队氛围能够影响规避损失与知识隐藏之间的关系。同样，现有研究也发现，当员工处于公平公正的团队氛围中的时候，个体知识领地性与知识隐藏的正向关系较弱；相反，当个体处于不公平的团队氛围中的时候，个体知识领地性与知识隐藏的正向关系较强（Huo, Cai and Luo et al., 2016）。

3.5.3 人理因素

人理因素指知识寻求者、知识拥有者、双方人际关系等知识互动双方因素，包括知识寻求者动机、知识寻求者能力，知识拥有者的人格特质、规避损失、规避成本、知识效能感、双方人际关系七个因子。人理因素是影响知识型团队成员知识隐藏的内部驱动因素。

（1）人理因素中与知识寻求者相关的两个范畴为知识寻求者动机和知识寻求者能力。知识寻求动机指知识寻求者的捡现成知识、利用和机会主义动机。当知识拥有者意识到知识寻求者具有上述负面动机的时候，倾向于对其隐藏知识。例如，受访者提到："现在团队中个别的小年轻，已经不像我们那时候能够静下心来刻苦钻研，他们总是想捡现成的知识，不愿意自己花费时间，我是不喜欢帮助这种人。"有学者的研究也同样佐证了本章的这一研究发现，知识寻求者的机会主义动机、利用动机增强了知识拥有者的担忧心理，从而导致知识拥有者隐藏知识（Fang, 2017）。知识寻求者的能力指知识寻求者的学习能力、动手能力和知识吸收能力。当寻求者的知识学习能力较弱时，知识拥有者很可能出于避免浪费自身的时间和精力而隐藏知识。例如，受访者提到："有的人平时给人的印象就是学东西很慢啊，自己又不懂得举一反三，那么他（她）在向同事寻求知识的时候，就很可能碰壁。"

（2）人理因素中与知识拥有者相关的四个范畴为人格特质、规避损失、规避成本和知识效能感。人理因素中与知识拥有者有关的第一个范畴为人格特质。人格心理学指出个体的行为容易受到个体人格特质的影响，在本章研究的访谈中也不断涌现出这一结论，即知识拥有者的人格特质是知识隐藏的重要影响因素。具体而言，本章研究发现，具有亲和型和尽责型人格特质的个体往往倾向于提供同事寻求的知识，而具有自私自利、谨言慎行、傲慢或功利主义等黑暗人格特质的个体更倾向于隐藏知识。例如，受访者提到："为人和善，有同情心的人更愿意帮助同事，分享知识""责任心强员工喜欢帮别人解决问题""功利主义者更看重分享知识能否在将来给自己带来好处，如果他（她）认为你将来对他（她）有用处，甚至都不用你去询问，会主动发现你的工作难处，提供帮助，但是如果认为你对他（她）没什么用处，即使你问了，他（她）也会冷眼相待，拒绝分享知识"，等等。这一研究发现与大五人格特质和黑暗人格特质等心理学的相关研究结论相一致。大五人格特质理论指出具有亲和型人格特质的个体更多呈现出公共关系导向动机（communion-striving motivation），表现为支持他人、合作、避免冲突、宽容和热心等；具有尽责型的个体更多呈现出任务目标导向动机（achievement-striving motivation），表现出关心组织团队目标的完成、自律和遵从社会规范（Barrick，Mount and Li，2013）。同样，一些学者的研究也发现尽责型能够增强员工的社会认同感，从而降低其在团队中的知识保留（Wang，Lin and Li et al.，2014）。黑暗人格三合一理论指出具有自私自利、傲慢等黑暗人格特质的个体更多地关心自身的利益、冷漠、缺乏共情等（Paulhus and Williams，2002）。因此，在面临他人知识寻求的时候，具有黑暗人格特质的个体更多地倾向于隐藏知识。此外，心理学的相关研究也发现自私自利等黑暗人格特质与拒绝帮助、不合作行为呈现正相关关系（Smith，Wallace and Jordan，2016；Paal and Bereczkei，2007）。

人理因素中与知识拥有者有关的第二个范畴为规避损失。规避损失指对于知识拥有者而言，提供知识可能会给自身带来利益损失、知识权力损失或被替代等，为了避免这些潜在的损失，知识拥有者可能会隐藏知识。拥有组织需要的知识是个体在组织中得以生存和发展的基本前提，具有重要的关键性知识通常能为个体带来影响力或议价权力，从而获得更多的组织资源（Evans，Hendron and Oldroyd，2014）。虽然在团队中分享知识不会造成个体知识存量的减少，但是在其他成员掌握相关知识后，个体在团队中的可替代性则相对增强（Bock，Zmud and Kim et al.，2005）。因此，个体很可能出于规避损失而隐藏知识。例如，受访者提到："教会徒弟，饿死师傅""有些时候需要留一手，避免未来可能带来的利益损失"，等等。

人理因素中与知识拥有者有关的第三个范畴为规避成本。规避成本指对于知识拥有者而言，提供知识需要花费一定的时间、精力和资源成本，出于对这些成本的考量，知识拥有者可能会隐藏知识。这一研究发现可以用达文波特和普鲁萨克（Davenport and Prusak，1998）所提出的知识市场理论进行解释。知识市场理论认为组织内部的知识流动可以看成是一种市场行为，知识市场包含四个要素：买方（知识寻求者）、卖方（知识拥有者）、代理商（买方与卖方间的中间人）和价格机制。卖方基于成本和收益的考虑，对知识资源进行交易（Davenport and Prusak，1998）。如果知识拥有者认为将知识转移给知识寻求者所需花费的时间、精力或资源成本大于收益，很可能拒绝提供知识，停止知识交易（王晓科，2013）。例如，受访者提到："时间是一个重要的因素，大家的工作量都很大，如果花费太多时间在别人身上，很可能造成不能保质保量地完成自己的工作。"

人理因素中与知识拥有者有关的第四个范畴为知识效能感。知识效能感指知识拥有者对知识的准确性和无误性的信心，低知识效能感的员工很可能出于避免误导他人的原因而选择隐藏知识。这一研究发现可以用美国心理学家班杜拉（Bandura，1997）提出的社会认知理论进行阐释。社会认知理论指出个体认知（包含自我效能和结果预期）对个体行为具有重要预测作用，高自我效能感通过增强行为结果的预期，从而推动行为的产生；低自我效能感通过降低行为结果的预期，从而抑制行为的产生。因此，当知识拥有者知识效能感低的时候，很可能会担心分享知识造成不利的结果，降低其对行为结果的预期，从而隐藏知识。例如，受访者提到："有时候同事来询问知识，虽然我以前用到过，但我很担心因为时间长了，记忆模糊了，给讲错了。"

（3）人理因素中还包含知识寻求者和知识拥有者的双方人际关系这一重要范畴。人际关系指两者之间的关系强度、人际互惠和人际信任等。知识隐藏是知识拥有者与知识寻求者在二元互动的情境下所主动选择的消极行为，因此双方的人际关系对知识隐藏有重要影响。当知识寻求者和知识拥有者之间的关系强度较弱（即双方之间的联系较少），未建立较强的情感关系基础，知识拥有者更可能隐藏知识；当知识寻求者和知识拥有者双方具有积极人际互惠经历时，知识拥有者倾向于提供知识，反之，当双方有过消极人际互惠经历，知识拥有者倾向于隐藏知识。例如，受访者提到："平时打交道少的同事，可能就会拖延""同事间的交往经历肯定是一个原因，比如你干什么事的时候，对方故意为难你，不提供应有的帮助，那我也不会帮助他（她），但是如果对方在工作中常常帮助我，那我肯定也会努力帮助他（她）"，等等。人际信任指个体对与其交往的其他个体的一种期待或依赖关系，在对他人言行可靠性判断的基础上，愿意承担风险的一种态度信念（陈叶烽、叶航和汪丁丁，2010）。当知识拥有者对知识寻求者的信任感较低的时候，倾向于隐藏知识，避免潜在的风险。例如，受访者提到："当不信任对方的时候，最好一个字也不要说。"康奈利、茨威格和韦伯斯特等（2012）研究也证实了人际不信任对知识隐藏有显著的正向影响。

3.6 理论贡献和管理启示

3.6.1 理论贡献

本章基于扎根理论的质性研究方法，通过深度访谈获取了一手的研究资料，对知识型团队成员知识隐藏的影响因素进行了深入挖掘和归纳提炼，构建了知识型团队成员知识隐藏影响因素的整合模型，即 WSR – KH 模型，并详细阐释了不同主范畴（物理因素、事理因素和人理因素）对知识隐藏的作用路径。本章的研究有三点理论贡献。

（1）本章研究构建了知识型团队成员知识隐藏影响因素的整合模型，即 WSR – KH 模型，丰富了知识隐藏的研究文献，这一全新整合模型的构建也为后续的定量研究奠定了基础。知识隐藏是知识管理领域一个新兴的研究方向，知识型团队成员知识隐藏影响因素的研究正处于起步阶段。现有研究多是从某个理论视角出发，试图探究某个因素或某些因素对团队成员知识隐藏的影响。本章通过深入地分析访谈获取的资料，借鉴系统科学领域物理—事理—人理系统方法论的思想，遵循扎根理论自下而上构建理论的流程与思路，将知识型团队成员知识隐藏的影响因素归纳为三个主范畴，即物理因素、事理因素和人理因素。这也符合物理—事理—人理系统方法论的理论思想，即解释某一行为或现象产生的原因需要通盘考虑物理、事理和人理三个层面的因素，从而整体上把握行为或现象的形成机制，忽视任何一个层面的因素都可能导致问题不能有效解决（顾基发、唐锡晋和朱正祥，2007）。本章的研究有助于充分了解知识型团队成员知识隐藏的影响因素，为控制和减少知识型团队成员的知识隐藏提供有益的借鉴。

（2）本章研究揭示出不同主范畴对知识型团队成员知识隐藏的影响方式和作用路径有所不同。物理因素是知识型团队成员知识隐藏的远端前置因素，主要通过人理因素的中介作用对知识隐藏产生间接影响，作用路径可以表述为"物理因素—人理因素—知识隐藏"。事理因素是知识型团队成员知识隐藏的外部驱动因素，主要通过两种方式影响团队成员的知识隐藏，其一是通过人理因素的中介作用对知识隐藏产生间接影响，作用路径可以表述为"事理因素—人理因素—知识隐藏"，其二是在物理因素、人理因素与知识隐藏的关系中起到情境边界条件的作用。人理因素是知识型团队成员知识隐藏的内部驱动因素，是知识隐藏产生的最关键因素，亦可称之为近端前置因素。

（3）本章研究将物理—事理—人理系统方法论延伸和应用到知识隐藏研究领域，对于物理—事理—人理系统方法论的发展具有一定的贡献。物理—事理—人理系统方法论已经在诸如人力资源管理、应急管理、风险管理、项目评价和知识转移等众多领域得到了很好的运用。本章研究创新性地将这一方法论应用到知识型团队成员知识隐藏的研究之中，拓展了该方法论的应用范围。

3.6.2 管理启示

本章旨在深入挖掘知识型团队成员知识隐藏的影响因素，并将其归纳为物理因素、事理因素和人理因素三个主范畴。研究发现对于事前预防和削减知识隐藏的发生具有一定的管理启示，总结起来，可以概括为"懂物理、明事理、通人理"。下面将进行详细阐述。

1. *懂物理*

首先，对知识型团队中的知识寻求者来说，懂物理指的是在寻求知识之前，需要理解知识的自然属性，了解该知识属于复杂性知识还是简单性知识，属于不易表达的隐性知识还是易于表达的显性知识，抑或属于嵌入在机器、软件中的嵌入性知识还是仅需口头表述的非嵌入性知识。如果该知识具有复杂性、内隐性或嵌入性等自然属性，知识寻求者要尽量不占用团队中知识拥有者紧张的工作时间，可以选择在空闲时间详细询问知识，这样可以有效避免对方付出过多的时间、精力和资源等成本，增强知识寻求的成功率。

其次，对知识型团队的管理者来说，懂物理指需要努力将复杂性知识碎片化、内隐性显性化、嵌入性书面化，从而最大限度地将其整理成相应的技术资料或文档资料，存储在团队的知识库中，方便团队成员利用。对于知识型团队的管理者来说，懂物理亦指需要建立相应的激励机制，从而削弱知识社会属性对团队成员知识隐藏的影响。例如可以采取相应的知识产权契约激励措施（赵健宇、李柏洲和袭希，2015），降低团队成员感知的知识的个人所有权，增强其组织所有权，从而削弱知识隐藏。

2. 明事理

明事理是指知识型团队的管理者需要明确做事的规则。通过建立良好的规章制度与技术平台、营造积极的团队氛围、执行促进型领导方式和设计合理的团队任务安排等，调动员工知识交流的积极性和主动性，削弱团队成员的知识隐藏。首先，知识型团队的管理者可以建立知识角、茶歇或例会等制度，增加团队成员之间知识交流的机会和动机，提供充分的时间促进团队成员之间的知识交流和互动，从而避免团队成员由于工作时间、精力、资源等成本因素造成的知识隐藏。其次，知识型团队的管理者要营造公平、容忍失败等积极的知识共享氛围，并遏制恶性竞争和组织政治等消极氛围，从而降低团队成员知识交流过程中的损失感知，提升团队成员的知识效能感，削弱知识隐藏。再次，知识型团队的管理者要尽量多地执行促进型领导方式，减少使用防御型的领导行为、语言或反馈等，从而树立良好的榜样标杆，推动团队成员向上学习和亲社会性动机。最后，知识型团队的管理者需要在团队成员任务的设置上增加成员之间的任务互依性和提高其任务可见性。

3. 通人理

通人理是指知识寻求者和拥有者双方需要通情达理，且知识型团队的管理者需要提供支持来维系团队成员之间良好的人际关系。首先，对于知识寻求者而言，在寻求知识之前，需要在一定程度上理解该方面知识基本的概念和思路，增强知识吸收能力，缩小与知识拥有者之间的知识势差，从而降低对方的知识隐藏动机。其次，知识型团队的管理者需要创造良好的环境来促使团队成员之间建立更强的情感联系和信任关系，从而削弱知识隐藏。例如，可以通过举办相应的文化文体活动促进员工之间的情感联系。再次，知识型团队的管理者需要明确地向团队成员传达对"搭便车"、机会主义等负面知识行为的抵制，降低一些负面的知识寻求动机。最后，知识型团队的管理者可以建立相应的知识贡献补偿机制，对贡献高价值或独有性知识的团队成员，需要给予相应的物质或非物质的奖励或晋升的优先权等，从而降低团队成员知识互动中的损失和成本，削弱知识隐藏。

3.7 本章小结

本章通过深度访谈获取研究所需的数据资料，运用扎根理论的质性研究方法对获取的数据资料进行了开放式编码、主轴编码和选择性编码，构建了知识型团队成员知识隐藏影响因素的整合模型。研究发现，知识型团队成员知识隐藏的影响因素可以被归纳为物理因素、事理因素和人理因素共三个主范畴；物理因素是远端前置因素，事理因素是外部驱动因素，人理因素是内部驱动因素；物理因素、事理因素和人理因素三个主范畴对知识隐藏的作用路径并不一致。本章构建的知识型团队成员知识隐藏影响因素的整合模型也为后续第 4 章至第 6 章采用实证研究方法进行假设验证型研究奠定了良好的基础。

第4章 感知的知识所有权对知识型团队成员知识隐藏的作用机制

第3章运用扎根理论的质性研究方法构建了知识型团队成员知识隐藏影响因素的整合模型（WSR-KH），发现影响知识型团队成员知识隐藏的物理因素主范畴包含知识自然属性和知识社会属性两个维度。迄今为止，国内外学者仅探究了知识自然属性（复杂性、内隐性和嵌入性等）对员工知识隐藏的影响，有关知识社会属性对知识型团队成员知识隐藏的影响及其作用机制的研究十分缺乏。本章将在第3章的基础上，基于知识权力理论，对整合模型物理因素主范畴中知识社会属性——感知的知识所有权对知识型团队成员知识隐藏的影响及其作用机制进行深入的实证研究。

4.1 研究模型构建

阿尔戈特、麦克维利和里根斯（2003）将知识社会属性界定为知识是私人物品还是公共物品的问题，并且认为如果个体将知识视为私人物品，则倾向于藏匿知识，反之，则更多地进行分享知识。金辉（2014）进一步指出，虽然从法定产权层面可以将组织中的某些知识（如版权、专利等）划分为私人所有或组织所有，但在现实的组织中，绝大多数知识是依附于个体而存在，很难清晰界定员工拥有知识的所有权问题，尤其是个体所拥有的隐性知识。因此，学者们进一步将知识社会属性界定为个体对知识所有权的主观意识判断，即感知的知识所有权，包含感知的知识个人所有权和感知的知识组织所有权两个方面（Constant, Kiesler and Sproull, 1994; Jarvenpaa and Staples, 2001; 金辉，2014；Jarvenpaa and Staples，2000；冯帆，章蕾，2014）。那么，感知的知识个人所有权和感知的知识组织所有权是否对知识型团队成员的知识隐藏产生影响，以及通过何种过程机制作用于知识隐藏，其边界条件是什么？这是本章研究所关注的核心问题。

  福柯（Foucault，1980）的知识权力理论为回答上述问题提供了一个切实可行的视角。知识权力理论不仅探讨了权力对知识的作用，而且也探讨了知识对权力的作用，认为知识和权力两者存在共生关系，知识和权力是一个共同体。一方面，权力作用于知识，另一方面，知识对权力起到阻碍或促进的作用，知识给人以权力，知识传播必然带有权力流失和权力控制（Foucault，1980）。因此，当知识型团队成员更多地持有知识个人所有权心理时候，个体私人知识的传播很可能导致个体感到知识权力损失；相反，当知识型团队成员更多地持有知识组织所有权心理时，组织公共知识的传播则有助于发展完善公共知识，反而降低个体感知的知识权力损失。当团队成员认为知识传播将造成个体知识权力损失的时候，很可能选择隐藏知识。由此，基于知识权力理论，本章研究认为感知的知识个人所有权和感知的知识组织所有权通过知识权力损失而间接作用于团队成员的知识隐藏。

  不同的知识型团队所强调的动机氛围有所不同。团队动机氛围（team motivational climate）指团队成员对工作团队通过政策、实践或流程等传达出来的员工在团队中成功和失败标准的共享感知。① 团队动机氛围旨在回答"员工在团队中应该如何做才会被视为成功"这一问题，进而影响团队成员间的知识互动行为。② 团队动机氛围包含两个维度：精熟动机氛围和绩效动机氛围。精熟动机氛围（mastery climate）指团队强调成员间的合作、学习与发展，从而精准熟练地掌握知识和技能，员工自我成就的纵向比较决定了员工是否取得成功；绩效动机氛围（performance climate）指团队强调成员间的比较、竞争与规范能力，从而取得比他人更好的工作绩效，团队成员之间的横向社会比较决定了员工是否取得成功。③ 精熟动机氛围易使团队成员之间形成积极互依关系；绩效动机氛围易使团队成员之间形成消极互依关系。例如，华为公司鼓励

---

①②③ Nerstad C G, Roberts G C, Richardsen A M. Achieving Success at Work: Development and Validation of the Motivational Climate at Work Questionnaire (MCWQ) [J]. Journal of Applied Social Psychology, 2013, 43 (11): 2231-2250.

团队成员协作、员工技能发展，侧重于营造精熟动机氛围（马郡，2016）；索尼公司则过分强调"绩效主义"，试图在团队内部营造一种社会比较的绩效动机氛围（郭涛，2016）。由于不同的团队动机氛围对团队成员成功标准的认定有所不同，所以团队成员会对团队所期望和奖励的行为有不同的解析。本章研究认为，团队的精熟动机氛围很可能削弱团队成员之间的知识隐藏，团队的绩效动机氛围很可能增加团队成员之间的知识隐藏。此外，在不同的团队动机氛围下，团队成员对知识权力的欲望、知识权力损失的担忧心理很可能有所不同，因此，本章研究还认为，团队动机氛围很可能在知识权力损失与知识隐藏的关系之间起到调节作用。

基于上述分析，本章从知识权力理论视角出发，构建了知识社会属性——感知的知识所有权对知识型团队成员知识隐藏作用机制的研究模型，如图4-1所示。

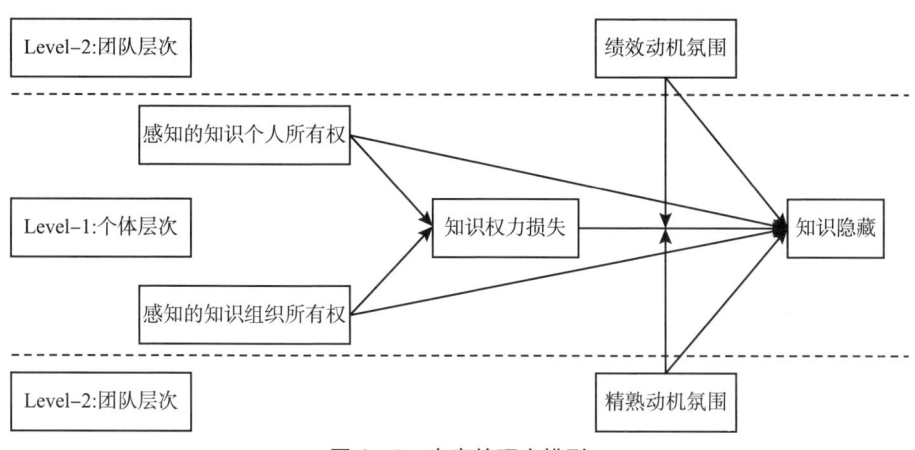

图4-1 本章的研究模型

资料来源：笔者自绘。

4.2 理论基础

4.2.1 知识社会属性——感知的知识所有权

知识社会属性探讨的是知识所有权属于个人所有还是公共所有的问题

（Argote，Mcevily and Reagans，2003）。皮尔斯、鲁宾费德和摩根（Pierce, Rubenfeld and Morgan，1991）认为所有权应该从法律和心理两个层面上进行解析。法律层面上的知识所有权指契约合同上明确表述的知识所有权隶属问题；心理层面上的知识所有权指个体对知识归属问题的心理感知，尤其是对契约未明确表述的知识。金辉（2014）指出虽然可以从法律层面上对组织中的一些知识（如版权或专利）的所有权归属进行清晰界定，但是员工在工作中所创造和使用的绝大部分知识往往依附于个体而存在，很难从法律层面上对知识所有权进行划分，个体更多从心理层面上对其拥有知识的所有权进行主观判断。耶尔文佩和斯特普尔斯（2001）又进一步指出心理层面上感知的知识所有权并非零和博弈，个人和组织可以拥有共同所有权，两者并非此消彼长的关系。由此，学术界对知识社会属性形成了比较一致的看法，知识社会属性指的是心理层面上的知识所有权问题，即组织中的个体对知识所有权的主观意识判断，感知的知识所有权包含感知的知识个人所有权和感知的知识组织所有权两个方面（Constant，Kiesler and Sproull，1994；Jarvenpaa and Staples，2000，2001；金辉，2014；冯帆，章蕾，2014）。

感知的知识个人所有权指组织中的个体认为自身知识属于个人所有，属于"我的"一种心理认知（Jarvenpaa and Staples，2001）。学者们归结出了感知的知识个人所有权心理的产生主要有三条路径：对知识的投资、熟悉和控制（Pierce，Kostova and Dirks，2001；Peng，2013）。作为在工作中使用的知识，员工在获取或创造这些知识的时候，投资了大量的时间与精力，从陌生到十分熟悉，并在工作中实际占有和控制知识。因此，知识型团队成员较容易对知识产生属于"我的"心理感知（Peng，2013），即感知的知识个人所有权。

感知的知识组织所有权指组织中的个体认为自身知识属于组织所有（暗指属于组织内部全体员工共有），属于"我们的"一种心理认知（Jarvenpaa and Staples，2001）。学者们总结出知识组织所有权心理的产生主要有两条路径：一是员工基于交换原则认为自身知识属于组织所有，组织通过支付相应的薪酬和福利来换取员工的知识资产；二是组织往往具有这样的基本规范"组织对员工的劳动成果具有所有权，即员工在工作场所或利用组织资源所创造、获取的成果（如创意、发明、流程等），以及与工作相关的知识应属于组织所有"也会潜移默化地促使员工形成知识属于"我们的"心理感知，即感知的知识组织所有权（Constant, Kiesler and Sproull, 1994; Jarvenpaa and Staples, 2001; 金辉，杨忠，冯帆，2011）。康斯坦特、基斯勒和斯普劳尔（Constant, Kiesler and Sproull, 1994）的研究还发现，具有高凝聚力和成就感需求的团队文化有助于员工形成较强的感知的知识组织所有权。

心理层面上感知的所有权和法律层面上法定的所有权的区别在于：法定所有权是一种零和博弈，而感知的所有权并非零和博弈。本书所探讨的是心理层面上感知的知识所有权。从心理层面上感知的知识所有权来看，知识可以同时被个体和组织共有，并非是零和博弈。例如，耶尔文佩和斯特普尔斯（2001）指出，虽然组织中个体的知识通常由个体所掌握，但是组织却有权利持续使用其员工所拥有的知识。冯帆和章蕾（2014）指出，在工作过程中，组织的流程规范、知识库里的知识等会频繁地被员工使用，经常而频繁的使用和接触会让员工产生这些知识是"我的"感觉，从而使得知识同时属于组织和个人，只是个体对知识多大程度上属于组织还是个人的心理判断可能有所不同。因此，学者们指出感知的知识个人所有权和感知的知识组织所有权并不是非此即彼的关系，不能简单地用两个值来表示，通常的做法是使用里克特量表进行测度（Constant, Kiesler and Sproull, 1994; Jarvenpaa and Staples, 2000, 2001; 金辉，2014；冯帆，章蕾，2014）。

4.2.2 知识权力理论

"知识就是权力"这一论断已经得到了诸多学者的认可。[①] 正如福柯的知识权力理论指出的，知识必然产生权力，权力的运行必然伴随有知识的存在，知识与权力共存与互联（黄磊，2014）。戈登和格兰特（Gordon and Grant, 2004）指出，尽管知识与权力密不可分，然而知识管理的研究文献却常常忽视权力这一重要构念。知识在组织或团队内部个体间的转移伴随着权力的转移，知识传播过程中存在权力流失和权力控制。当个体拥有独特性或团队不可或缺的知识，能够使团队对其形成知识依赖，从而提升自己在团队中的知识权力，而且能显著提升个体在团队中的影响力（Evans, Hendron and Oldroyd, 2014），

---

① Brown R D. Knowledge is Power [M]. Oxford: Oxford University Press, 1993.

例如，知识专家往往能够对组织或团队的决策产生重要影响。

知识权力产生的前提在于个体能够拥有并控制知识。虽然个人的知识存量并不会随着知识的传播或复制而减少，但是随着共同知识所有权人的增加，个体在组织或团队中的可替代性变强，知识为个体所带来的权力不断减少。也就是说，当个体感到属于"我的"知识不断被他人占有，会增强其知识权力损失感；而当个体感到知识本身就属于"我们的"时候，共享知识就属于角色内行为，而且分享知识有助于发展与完善公共知识，知识权力损失感反而降低。

知识权力损失（loss of knowledge power）指员工感知到公开自身知识后，可能会失去自身在组织或团队中的独特价值和权力基础的心理状态（Kankanhalli and Tan，2005；李卫东，刘洪，2014）。对于知识型团队中的成员来说，独特的知识正是其在知识型团队中赢得尊重、获取权力的基础，放弃或公开自身独有的知识在一定程度上等同于放弃权力基础（Rechberg and Syed，2013）。因此，基于知识权力理论，本章的研究选取知识权力损失这一重要变量来深入剖析知识社会属性——感知的知识所有权对知识型团队成员知识隐藏的作用机制。

4.3 研究假设

4.3.1 感知的知识所有权与知识隐藏

当知识型团队成员感到知识所有权属于个人时，即个体独享知识所有权，其很可能隐藏别人向自己寻求的知识。依据心理所有权理论，当个体对目标物产生个人所有权感知时，往往具有较强的排他性控制欲望（Pierce，Kostova and Dirks，2001），并且在看到目标物被改变或为他人所用时，会经历心理上的损失、困惑与消极情感（Pierce，Kostova and Dirks，2003）。此外，感知的知识个人所有权也会使个体对知识产生领地心理，而领地心理则促使个体对私属知识领地进行保护和防御，避免被他人侵犯（Peng，2013）。因此，当知识型团队成员持有感知的知识个人所有权心理时，为了避免个人所有权损失所带来的负面效应和知识领地被侵犯，在面临团队内其他成员的知识请求时，很可能会选择隐藏知识。由此，本章提出如下研究假设：

H4-1：感知的知识个人所有权对知识隐藏有正向影响。

当知识型团队成员感到知识所有权属于组织时，即个体与组织共享知识所有权，其很可能会积极回应同事的知识请求，减少知识隐藏。康斯坦特、基斯勒和斯普劳尔（1994）的研究也从侧面证实了这一点。他们的研究发现，即使在面临一个曾经拒绝帮助自己的同事的知识请求时，拥有感知的知识组织所有权心理的员工也倾向于选择提供相关知识，其主要原因在于感知的知识组织所有权使员工认识到知识为"我们的"，共享该知识属于角色内行为，且有助于发展和深化公共知识。此外，研究也表明感知的知识组织所有权信念克服了员工的自私心理，增强了其亲社会动机，从某种意义上说感知的知识组织所有权起到了动机转换效应（Constant, Kiesler and Sproull, 1994）。而具有亲社会动机的个体更倾向于提供帮助，而非拒绝帮助（Batson, 1995）。因此，当知识型团队成员持有感知的知识组织所有权心理时，动机转换效应也使得个体在面临团队内其他成员的知识请求时，很可能会减少知识隐藏。由此，本章提出如下研究假设：

H4-2：感知的知识组织所有权对知识隐藏有负向影响。

4.3.2 知识权力损失的中介作用

"知识就是权力"对知识型团队成员之间的知识互动行为造成显著的影响。如米歇洛娃和赫斯特德（Michailova and Husted, 2003）发现由于担心独有知识的公开会增加自己在团队中的可替代性，降低自身在团队中的地位，团队成员会倾向于隐藏知识。学者们的研究也证实了损失感知会降低个体的知识分享行为（Kankanhalli, Tan and Wei, 2005；李卫东，刘洪，2014；王士红，2012）。因此，知识型团队成员在面临同事的知识请求时，如果感到一旦贡献知识会导致自身在团队中的知识权力受到较大损失，那么知识拥有者很可能会选择隐藏知识，从而使自己处于更加有利的地位。由此，本章提出如下研究假设：

H4-3：知识权力损失对知识隐藏有正向影响。

当知识型团队成员持有感知的知识个人所有权心理时，往往会将知识视为自我的一种延伸（Pierce, Kostova and Dirks, 2001）。该知识一旦被他人运用或改变，员工会体验到一种自我威胁感。贝尔和布朗（Baer and Brown, 2012）证实了具有高感知的知识个人所有权心理的员工，在看到自身知识被他人利用时，会体验到较高的损失感。此外，感知的知识个人所有权所引发的领地心理也可能使其产生知识领地被侵犯和损失。对于知识型团队中的成员来说，独特的知识正是其在团队中赢得尊重、获取权力的基础，放弃或公开知识在一定程度上等同于放弃权力基础（Rechberg and Syed, 2013）。由此，本章提出如下研究假设：

H4-4：感知的知识个人所有权对知识权力损失有正向影响。

当知识型团队成员持有感知的知识组织所有权心理时，认为知识属于"我们的"，分享该知识属于分内之事。而且，个体思想碰撞的过程中，很可能对公共知识进一步完善和发展。此外，不同个体对知识所有权的心理感知很可能不同，分享公共知识很可能会在未来获得对方私有知识的回馈（Jarvenpaa and Staples, 2001）。最后，康斯坦特、基斯勒和斯普劳尔（1994）认为感知的知识组织所有权起到动机转换效应，使得个体的利己动机转变为亲社会动机。具有亲社会动机的个体往往表现出更多的利他行为，且在实施利他行为的过程中能够体验到助人的愉悦感和心理上的满足感，而非损失感。① 由此，本章提出如下研究假设：

H4-5：感知的知识组织所有权对知识权力损失有负向影响。

根据研究假设 H4-1 至假设 H4-5，本章推理出：当知识型团队成员持有感知的知识个人所有权心理时，公开知识会使其体验到较高的知识权力损失，为了避免知识权力损失，在面临团队内其他成员的知识请求时，很可能会选择隐藏知识；相反，当知识型团队成员持有感知的知识组织所有权心理时，公开知识属于分内之事，且能体验到助人的愉悦感，降低知识权力损失，在面临团队内其他成员的知识请求时，会更多地提供知识，减少知识隐藏。由此，本章提出如下研究假设：

H4-6：知识权力损失在感知的知识个人所有权与知识隐藏的关系中起到中介作用。

H4-7：知识权力损失在感知的知识组织所有权与知识隐藏的关系中起到中介作用。

---

① Gebauer J E, Riketta M, Broemer P et al. Pleasure and Pressure Based Prosocial Motivation: Divergent Relations to Subjective Well-Being [J]. Journal of Research in Personality, 2008, 42 (2): 399-420.

4.3.3 团队动机氛围的跨层次直接作用和调节作用

社会信息加工理论（social information processing theory）指出，人类是适应性的有机体，依据环境所提供的信息来调整自己的态度和行为。[①] 段锦云、王娟娟和朱月龙（2014）指出该理论可以很好地解释团队氛围在塑造员工特定行为中如何发挥作用。团队动机氛围作为团队工作环境所提供的信息，指出团队中所定义的员工成功的标准和支持的行为，进而影响团队成员的态度和行为。因此，在不同的团队动机氛围下，由于成员对团队工作环境中的信息有不同的解析，往往表现出不同的行为（段锦云、王娟娟和朱月龙，2014）。

在团队绩效动机氛围下，员工成功的标准为优于他人（横向社会比较），常常传递出团队内部竞争和横向比较信息。团队成员对这种环境信息的加工很可能导致团队成员为了获得自我利益而压制同事的成绩，显然对同事隐藏其所需的知识能够在一定程度上削弱竞争者的绩效。保持对关键知识的独占性和防止外人进入自己的知识领地，则更容易使员工获得竞争上的优势，增加其在团队中取得成功的可能性。此外，团队绩效动机氛围所引发的成员间消极互依关系也易使成员间彼此不信任，而不信任是隐藏知识发生的一个重要动因（Connelly, Zweig and Webster et al., 2012）。刘新梅和陈超（2017）的研究也发现，绩效动机氛围对团队成员共享"谁知道什么"有显著的负向影响，且能够降低团队活力。由此，本章提出如下研究假设：

H4-8：绩效动机氛围对知识隐藏有正向影响。

而在团队精熟动机氛围下，员工成功的标准为超越自我和获得能力上的提升（自我成就纵向比较），常常传递出能力构建、努力与合作、对知识技能精准熟练掌握的信息。团队成员对这种环境信息的加工很可能会激发团队成员间相互学习的热情，毕竟相互学习能够提升自我能力，而对同事隐藏知识很可能为不智之举。因为一旦对方意会到知识隐藏行为，很可能也采取消极回馈行为实施报复，如瑟尼、纳斯塔德和戴斯维克等（2014）就证实了知识隐藏会引

[①] Salancik G R, Pfeffer J. A Social Information Processing Approach to Job Attitudes and Task Design [J]. Administrative Science Quarterly, 1978, 23: 224-253.

发员工间的相互不信任循环，最终不利于初始隐藏者的创造力。此外，团队精熟动机氛围强调努力、合作与技能提升，成员间易形成积极互依关系，形成良好的信任关系，而信任则能显著削弱成员间的知识隐藏（Connelly，Zweig and Webster et al.，2012）。刘新梅和陈超（2017）研究也发现，团队精熟动机氛围对团队成员共享"谁知道什么"（shared knowledge of who knows what）有显著的正向影响，且能够显著提升团队活力。由此，本章提出如下研究假设：

H4-9：精熟动机氛围对知识隐藏有负向影响。

研究假设H4-3预测知识权力损失对知识隐藏有正向影响，本书认为在不同的团队动机氛围下，这种正向作用的强度可能会有所差异。在绩效动机氛围下，团队成员成功的标准为优于其他成员，此时团队成员很可能对知识权力的欲望更强，公开自身独有的知识则意味着削弱自身的知识权力，因此为了更大可能的获得成功，员工会极力独占知识，控制知识权力，隐藏知识。相反，在精熟动机氛围下，员工成功的标准为自我提升，强调学习合作。此时，虽然共享知识会导致一定程度的知识权力损失，但是成员间的积极互依和互惠关系促使员工相信对方会在未来回馈自己，从而降低知识权力损失的担忧与恐惧心理，削弱知识隐藏，并使员工在长期获益，提升自身能力，获得成功。由此，本章提出如下研究假设：

H4-10：绩效动机氛围对知识权力损失与知识隐藏之间的关系起到正向调节作用，即绩效动机氛围能够强化知识权力损失对知识隐藏的正向影响。

H4-11：精熟动机氛围对知识权力损失与知识隐藏之间的关系起到负向调节作用，即精熟动机氛围能够弱化知识权力损失对知识隐藏的正向影响。

4.4 研究设计

4.4.1 变量测量

为了提升研究的信度与效度，本章研究的变量测量均沿用相关成熟的量表，并根据具体研究情境进行适当修正。英文量表采用中英文互译法将其翻译成中文量表。变量的测量均采用7级Likert量表，要求参与者选择对每一题项内容的同意程度，"1"至"7"分别表示"完全不同意"到"完全同意"。相应变量的测量题项见附录。

感知的知识个人所有权（PSOK）的测量采用金辉（2014）的量表，共3个题项，测度员工在多大程度上感到知识属于自己独有。测量例项如"我认为我在工作中积累的知识和经验属于我个人所有"。

感知的知识组织所有权（POOK）的测量综合了康斯坦特、基斯勒和斯普劳尔（1994）和耶尔文佩和斯特普尔斯（2001）的研究成果，根据本章研究的具体情境进行了适当修订，共3个题项。测量例项如"我认为我在工作中学习和积累的知识属于我们整个团队"。

知识权力损失（LKP）的测量采用了坎坎哈利、陈清贤和魏国基（Kankanhalli, Tan and Wei, 2005）所开发的量表，共4个题项。测量例项如"失去了在团队中的独特价值"。

知识隐藏（KH）的测量沿用康奈利、茨威格和韦伯斯特等（2012）开发的知识隐藏量表，共12个题项。题目设置参考康奈利、茨威格和韦伯斯特等（2012）和瑟尼、纳斯塔德和戴斯维克等（2014）所采用的关键事件法："假设团队中某位同事向您寻求某方面重要的知识，您拒绝了他（她）的请求，您可能会多大程度上采取下列做法"。测量例项如"假装我听不懂对方问的问题是什么"。

绩效动机氛围（PC）采用纳斯塔德、罗伯茨和理查森（Nerstad, Roberts and Richardsen, 2013）编制的量表，共8个题项。由于样本数据中绩效动机氛围的一个题项"在我的工作团队，比其他人出色很重要"的因子载荷仅为0.470，所以在本章后续的数据分析和假设检验中剔除掉该题项，即绩效动机氛围最终共由7个题项组成。绩效动机氛围的测量例项如"在我的工作团队，鼓励团队成员之间的相互竞争"。

精熟动机氛围（MC）的测量同样采用纳斯塔德、罗伯茨和理查森（2013）编制的量表，共6个题项。精熟动机氛围的测量例项如"在我的工作团队，十分强调员工的学习与发展"。

4.4.2　样本来源和数据收集

本章的研究采用调查问卷的方式进行数据收集。本章研究的调查对象来自黑龙江省哈尔滨市和大庆市的 8 家企业和研究机构，这些企业和研究机构涉及四个行业，分别为软件开发行业、电机行业、石油化工行业和医药行业。研究者首先与相关企业或研究机构的负责人或内部人员取得联系，详细说明本次调研的内容与目的，征得对方同意。最终，8 家企业和研究机构的 23 个团队的 450 名员工参与了此次调研。这 23 个团队均从事上述相关行业的技术创新和产品研发等工作，属于典型的知识型团队。

在企业或研究机构相关人员的协助下，参与调查的团队成员集中在会议室或休息室等场所进行问卷的填写。为了降低社会赞许性偏差，研究者向调查对象充分说明了此次调查仅用于学术研究，且保证问卷的保密性和匿名性。共计向 23 个知识型团队发放问卷 450 份，回收问卷 409 份。在剔除掉填写不完整、存在明显质量问题（如所有题项的答案一致，或存在明显的规律性答案）的问卷后，最终共得到有效问卷 344 份，有效问卷回收率为 76.4%。23 个知识型团队的样本规模为 6~24 人。

样本的描述性统计分析见表 4-1。从性别来看，男性占比 53.2%，女性占比为 46.8%；从年龄来看，25 岁及以下占比为 6.7%，26~30 岁占比为 25.3%，31~40 岁占比为 41.3%，41~50 岁占比为 20.6%，51 岁及以上占比为 6.1%；从教育水平来看，专科及以下占比 12.2%，本科占比为 71.2%，硕士及以上占比为 16.6%；从团队任期来看，1 年以下占比为 20.1%，1~3 年占比为 27.9%，3~5 年占比为 26.7%，5 年以上占比为 25.3%。

表 4-1　　　　　　　　　　样本的描述性统计

指标	分类	频数	占比（%）	指标	分类	频数	占比（%）
性别	男	183	53.2	教育水平	专科及以下	42	12.2
	女	161	46.8		本科	245	71.2
年龄	25 岁及以下	23	6.7		硕士及以上	57	16.6
	26~30 岁	87	25.3	团队任期	1 年以下	69	20.1
	31~40 岁	142	41.3		1~3 年	96	27.9
	41~50 岁	71	20.6		3~5 年	92	26.7
	51 岁及以上	21	6.1		5 年以上	87	25.3

资料来源：笔者根据样本资料整理。

4.5 数据分析

4.5.1 信度与效度分析

由于知识隐藏是由 3 个维度（装傻隐藏、含糊隐藏和辩解隐藏）构成，所以本章研究采用 AMOS 21 软件进行二阶验证性因子分析（second-order confirmatory factor analysis）来对量表的信度和效度进行检验。

量表的信度采用 Cronbach's α 值和组合信度（Composite Reliability，以下用 CR 表示）进行检验。本章研究所有量表的 Cronbach's α 和 CR 值见表 4-2。从表 4-2 中可以看到，所有量表的 Cronbach's α 和 CR 值均大于临界值 0.70，表明量表具有良好的信度。

量表的效度需要从聚合效度和区别效度两个方面进行分析。聚合效度检验采用题项的标准化因子载荷和 AVE（average variance extracted）进行检验。根据海尔、安德森、泰瑟姆等（Hair, Anderson and Tatham et al., 1992）的建议，验证性因子分析结果中所有题项的标准化因子载荷需要大于 0.50，AVE 值也需要大于 0.50。从表 4-2 中可以看到，所有的因子载荷和 AVE 值均满足上述标准，表明量表具有良好的聚合效度。量表的区别效度检验需要比较 AVE 的平方根和该变量与其他所有变量的相关系数（Fornell and Larcker, 1981）。通过后文的表 4-3 可以看到，所有 AVE 的平方根均大于该变量与其他变量的相关系数，表明量表具有良好区别效度。

表 4-2　　　　　　量表的信度和效度检验

因子	题项	因子载荷	AVE	Cronbach's α	CR
感知的知识个人所有权	PSOK1	0.673	0.622	0.811	0.829
	PSOK2	0.934			
	PSOK3	0.735			

续表

因子	题项	因子载荷	AVE	Cronbach's α	CR
感知的知识组织所有权	POOK1	0.886	0.868	0.950	0.952
	POOK2	0.942			
	POOK3	0.965			
知识权力损失	LKP1	0.886	0.797	0.939	0.940
	LKP2	0.931			
	LKP3	0.895			
	LKP4	0.857			
绩效动机氛围	PC1	0.669	0.534	0.851	0.889
	PC2	0.697			
	PC3	0.765			
	PC4	0.729			
	PC5	0.692			
	PC6	0.815			
	PC7	0.737			
精熟动机氛围	MC1	0.839	0.719	0.938	0.939
	MC2	0.857			
	MC3	0.894			
	MC4	0.878			
	MC5	0.841			
	MC6	0.772			
装傻隐藏（一阶因子）	PD1	0.876	0.835	0.951	0.953
	PD2	0.929			
	PD3	0.944			
	PD4	0.904			
含糊隐藏（一阶因子）	EH1	0.927	0.783	0.933	0.935
	EH2	0.936			
	EH3	0.889			
	EH4	0.779			

续表

因子	题项	因子载荷	AVE	Cronbach's α	CR
辩解隐藏（一阶因子）	RH1	0.833	0.678	0.906	0.893
	RH2	0.731			
	RH3	0.837			
	RH4	0.885			
知识隐藏（二阶因子）	装傻隐藏	0.941	0.763	0.952	0.905
	含糊隐藏	0.944			
	辩解隐藏	0.716			

资料来源：AMOS 软件统计输出。

4.5.2 共同方法偏差检验

由于每份问卷的所有题目均是由一个参与者作答，可能会出现共同方法偏差（common method bias）问题。因此，需要对获取的数据进行共同方法偏差检验。本章研究采用 Harman 的单因素分析方法对共同方法偏差进行检验（Podsakoff，Mackenzie and Lee et al.，2003）。将所有量表的测量题目荷载在 1 个固定因子上，采用不旋转方法，进行探索性因子分析，得到未旋转时 1 个固定因子的解释变异为 31.603%（低于 40% 临界值），未能解释总变异的大多数。因此，可以认为本章研究中的共同方法偏差问题并不严重，不会对研究结果产生显著影响。

4.5.3 团队层次变量数据聚合检验

由于团队动机氛围为团队层次的共享型构念，而本章研究是从个体层面测度的员工感知的动机氛围，康奈利、茨威格和韦伯斯特等（2012）也强调最有效和直接的方式为剖析团队层面的氛围对于员工知识隐藏的影响。因此，首先将绩效动机氛围和精熟动机氛围的数据从个体层面聚合到团队层面，本章采用取平均值的方法进行数据聚合，即将同一个知识型团队所有成员的绩效动机氛围和精熟动机氛围得分的平均值作为该团队层次的团队绩效动机氛围和团队精熟动机氛围的得分。

其次，采用组内一致性指标 $r_{wg}(j)$ 和组内相关系数 ICC(1) 和 ICC(2) 来对数据聚合的统计有效性进行检验。组内一致性指标 $r_{wg}(j)$ 越高，表明同一团队的成员对构念具有相同的反应程度就越高。ICC(1) 旨在检验当个体数据聚合到团队层面后，不同团队之间是否具有足够的组间差异性。ICC(2) 指群体平均数的信度，亦即将个体层次的变量聚会到团队层次变量时，此团队层次变量的信度。经过检验得到23组数据的绩效动机氛围的 $r_{wg}(7)$ 的取值范围为 0.633~0.978，均值为 0.830；精熟动机氛围的 $r_{wg}(6)$ 的取值范围为 0.691~0.975，均值为 0.847。均值大于普遍接受的 0.70 标准（James, Demaree and Wolf, 1984），表明绩效动机氛围和精熟动机氛围具有良好的组内一致性。绩效动机氛围的 ICC(1) = 0.122、ICC(2) = 0.762（F = 2.026，p < 0.001）；精熟动机氛围的 ICC(1) = 0.229、ICC(2) = 0.872（F = 4.354，p < 0.001）。詹姆斯（James, 1982）指出 ICC(1) 的得分范围一般为 0~0.50，中位数为 0.12。本章的结果显示绩效动机氛围和精熟动机氛围的 ICC(1) 均大于 0.12，因此绩效动机氛围和精熟动机氛围具有足够的组间差异性。作为聚合到高层次变量信度的指标，绩效动机氛围和精熟动机氛围的 ICC(2) 均大于普遍接受的标准 0.70。因此，绩效动机氛围和精熟动机氛围从个体层次向团队层次的数据聚合在理论和统计上都是可行的。

4.6 假设检验

在进行假设检验之前，首先利用个体层面的数据对主要变量的均值、标准差和相关系数进行分析，结果见表 4-3。从表 4-3 可以看出，感知的知识个人所有权与知识权力损失（r = 0.333，p < 0.001）、知识隐藏（r = 0.161，p < 0.01）正相关；感知的知识组织所有权与知识权力损失（r = -0.177，p < 0.01）、知识隐藏（r = -0.166，p < 0.01）负相关；知识权力损失与知识隐藏正相关（r = 0.646，p < 0.001）；绩效动机氛围与知识隐藏正相关（r = 0.197，p < 0.001）；精熟动机氛围与知识隐藏负相关（r = -0.235，p < 0.001）。

表 4-3 变量的均值、标准差和相关系数

变量	1	2	3	4	5	6	7	8	9	10
性别	—									
年龄	0.093	—								
教育水平	0.066	0.055	—							
团队任期	0.017	0.516***	0.048	—						
PSOK	-0.013	-0.018	-0.032	0.024	**0.789**					
POOK	0.052	0.055	-0.067	0.002	-0.183**	**0.932**				
LKP	-0.003	-0.101	-0.002	-0.021	0.333***	-0.177**	**0.893**			
PC	0.091	-0.027	0.047	0.007	0.358***	-0.065	0.240***	**0.731**		
MC	0.019	0.058	-0.025	0.016	-0.067	0.362***	-0.287***	-0.262***	**0.848**	
KH	0.009	-0.094	-0.023	-0.013	0.161**	-0.166**	0.646***	0.197***	-0.235***	**0.873**
均值	0.532	2.941	2.044	2.573	4.406	4.609	3.663	4.603	5.201	3.359
标准差	0.499	0.985	0.535	1.075	1.144	1.178	1.276	0.849	0.913	1.154

注：N = 344；* 表示 p < 0.05，** 表示 p < 0.01，*** 表示 p < 0.001；双尾检验；PSOK = 感知的知识个人所有权，POOK = 感知的知识组织所有权，LKP = 知识权力损失，PC = 绩效动机氛围，MC = 精熟动机氛围，KH = 知识隐藏；对角线上的数值为相应变量 AVE 的平方根。

资料来源：SPSS 软件统计输出。

4.6.1 直接效应和中介效应检验

首先，根据巴伦和肯尼（Baron and Kenny, 1986）提出的中介效应检验方法，采用多元线性回归进行分析，检验直接效应，并判断中介作用的存在性。巴伦和肯尼（1986）所提出的中介效应检验程序主要有以下三个步骤：（1）以自变量 X 和因变量 Y 建立回归方程，分析自变量 X 对因变量 Y 的回归系数；（2）以自变量 X 和中介变量 M 建立回归方程，分析自变量 X 对中介变量 M 的回归系数；（3）同时纳入自变量 X 和中介变量 M，分析自变量 X 和中介变量 M 对因变量 Y 的回归系数。如果在第三步的回归方程中，M 对 Y 的回归系数显著，且 X 对 Y 的回归系数虽然显著但是相较于第一步的回归系数变小，或 M 对 Y 的回归系数显著，但 X 对 Y 的回归系数不再显著，则说明 M 在 X 和 Y 的关系之间起到中介作用。依照上述步骤，直接效应和中介效应的回归分析结

果见表4-4。

表4-4　　　　　　　　直接效应和中介效应的回归分析结果

变量	模型1	模型2	模型3
	知识隐藏	知识权力损失	知识隐藏
性别	0.025	0.016	0.014
年龄	-0.098	-0.104	-0.030
学历	-0.024	0.004	-0.027
团队任期	0.036	0.025	0.020
团队规模	0.038	0.002	0.037
感知的知识个人所有权	0.133*	0.309***	-0.070
感知的知识组织所有权	-0.137*	-0.115*	-0.062
知识权力损失	—	—	0.655***
R^2	0.056	0.133	0.428
F值	2.857**	7.377***	31.355***

注：N=344；报告的回归系数均为标准化回归系数；*表示$p<0.05$，**表示$p<0.01$，***表示$p<0.001$。
资料来源：SPSS软件统计输出。

从表4-4中模型1的结果可以看出，感知的知识个人所有权对知识隐藏有显著的正向影响，回归系数为β=0.133（$p<0.05$），感知的知识组织所有权对知识隐藏有显著的负向影响，回归系数为β=-0.137（$p<0.05$）。因此，假设H4-1和假设H4-2得到支持。

从表4-4中模型2的结果可以看出，感知的知识个人所有权对知识权力损失有显著的正向影响，回归系数为β=0.309（$p<0.001$），感知的知识组织所有权对知识权力损失有显著的负向影响，回归系数为β=-0.115（$p<0.05$）。因此，假设H4-4和假设H4-5得到支持。

表4-4中的模型3是在模型1的基础上加入中介变量知识权力损失，结果显示知识权力损失对知识隐藏有显著的正向影响，回归系数为β=0.655（$p<0.001$）。因此，假设H4-3得到支持。加入知识权力损失后，模型3中感知的知识个人所有权和感知的知识组织所有权对知识隐藏的作用不再显著，

回归系数分别为 β = -0.070（p = 0.117），β = -0.062（p = 0.147），这表明知识权力损失在感知的知识所有权和知识隐藏的关系之间起到完全中介作用。因此，假设 H4-6 和假设 H4-7 得到支持。

其次，由于巴伦和肯尼（1986）所提出的中介效应检验方法仅能检验中介效应存在与否，并不能计算出中介效应的大小，因此，本章研究再采用重复抽样法，即 Bootstrapping 方法对中介效应的大小进行检验。基于 Bootstrapping 的中介效应分析结果见表 4-5。

表 4-5　　　　基于 Bootstrapping 的中介效应分析结果

中介路径	Bootstrapping 中介效应检验		
	中介效应	95% 置信区间下限	95% 置信区间上限
PSOK - LKP - KH	0.203	0.123	0.289
POOK - LKP - KH	-0.075	-0.158	-0.007

注：N = 344；报告的 Bootstrapping 中介效应检验值为标准化值；Bootstrapping sample size = 5000；PSOK = 感知的知识个人所有权，POOK = 感知的知识组织所有权，LKP = 知识权力损失，KH = 知识隐藏。

资料来源：SPSS 软件统计输出。

从表 4-5 可以看到，知识权力损失在感知的知识个人所有权与知识隐藏关系中的中介作用效应值为 0.203，Bootstrapping 检验中 95% 的置信区间为 [0.123，0.289]，不包含零。知识权力损失在感知的知识组织所有权与知识隐藏关系中的中介效应值为 -0.075，Bootstrapping 检验中 95% 的置信区间为 [-0.158，-0.007]，也不包含零。因此，中介作用研究假设 H4-6 和假设 H4-7 再次得到支持。

4.6.2　跨层次直接效应和调节效应检验

本章研究的数据包含两个层次，344 个体数据（Level-1）嵌入在 23 个知识型团队（Level-2）之中。因此，在分析团队层次变量绩效动机氛围和精熟动机氛围对个体层次变量知识隐藏的跨层次直接效应和调节效应的时候需要采用多层线性模型（hierarchical linear modeling，HLM）。因为本章的研究模型中既有跨层次的直接作用假设，又有跨层次的调节作用假设，所以多层次线性模型分析依次进行四个步骤。步骤一：通过虚无模型（null model）检验结果变量知识隐藏（KH）在个人层次和团队层次上皆有变异存在，即检验结果变量数据多层次结构的存在性；步骤二：检验Level-1变量知识权力损失对知识隐藏影响的主效应；步骤三：检验Level-2变量绩效动机氛围和精熟动机氛围对知识隐藏的跨层次主效应；步骤四：检验Level-2变量绩效动机氛围和精熟动机氛围对Level-1中知识权力损失与知识隐藏关系的跨层次调节效应。HLM分析结果见表4-6。下面将对每个步骤进行详细阐述。

表4-6　　　　　　　　　　HLM分析结果

变量	知识隐藏			
	模型4 步骤一	模型5 步骤二	模型6 步骤三	模型7 步骤四
截距项（γ_{00}）	3.349***	1.277***	1.945*	2.271
Level-1——个体层次变量				
知识权力损失（γ_{10}）	—	0.574***	0.566***	0.448**
Level-2——团队层次变量				
绩效动机氛围（γ_{01}）	—	—	0.115*	0.104+
精熟动机氛围（γ_{02}）	—	—	-0.109**	-0.106*
交互项				
知识权力损失×绩效动机氛围（γ_{11}）	—	—	—	0.101+
知识权力损失×精熟动机氛围（γ_{12}）	—	—	—	-0.108+
σ^2	1.232	0.719	0.709	0.698
τ_{00}	0.155***	0.406*	0.356*	0.342*
τ_{11}		0.136**	0.133*	0.090
Pesudo_$R^2_{level-1}$		0.416	—	—
Pesudo_$R^2_{level-2截距式}$			0.123	—
Pesudo_$R^2_{level-2交互作用效果}$				0.323

注：N（Level-1）=344，N（level-2）=23；+表示$p<0.1$，*表示$p<0.05$，**表示$p<0.01$，***表示$p<0.001$；在加入性别、年龄、学历、团队任期和团队规模作为控制变量后，上表中回归系数的显著性没有发生实质性变化；个体层次预测变量采用分组平均数中心化（group-mean centering），团队层次预测变量采用总体平均数中心化（grand-mean centering）。

资料来源：HLM软件统计输出。

步骤一：虚无模型检验。

虚无模型检验是应用方差分析（ANOVA），将知识隐藏的方差分为组内和组间方差。在使用 HLM 估计的虚无模型是没有预测因子的，其模型估计如式（4-1）和式（4-2）所示：

Level-1 模型： $KH_{ij} = \beta_{0j} + r_{ij}$ （4-1）

Level-2 模型： $\beta_{0j} = \gamma_{00} + U_{0j}$ （4-2）

其中，KH_{ij} = 第 j 个团队中第 i 个成员的知识隐藏，β_{0j} = 第 j 个团队知识隐藏的平均数（group-mean），γ_{00} = 知识隐藏的总体平均数（grand-mean），$Var(r_{ij}) = \sigma^2$ = 知识隐藏的组内方差，$Var(U_{0j}) = \tau_{00}$ = 知识隐藏的组间方差。

由于知识隐藏的总方差 = $\sigma^2 + \tau_{00}$，可以计算出知识隐藏组间方差的百分比。表 4-6 中模型 4 呈现了步骤一的模型估计结果，即知识隐藏的组内方差 $Var(r_{ij}) = \sigma^2 = 1.232$，组间方差 $Var(U_{0j}) = \tau_{00} = 0.155$，且卡方检验的结果表示此组间方差是显著的：$\chi^2(22) = 50.941$，$p < 0.001$ 表明知识隐藏的方差有 11.5% 来自组间方差，且存在多层次结构，可以进行下一步骤的分析。

步骤二：Level-1 变量的主效应。

为了检验 Level-1 变量知识权力损失（LKP）对知识隐藏的主效应，将知识权力损失加入 Level-1 模型，其估计模型如式（4-3）、式（4-4）和式（4-5）所示：

Level-1 模型： $KH_{ij} = \beta_{0j} + \beta_{1j}(LKP_{ij}) + r_{ij}$ （4-3）

Level-2 模型： $\beta_{0j} = \gamma_{00} + U_{0j}$ （4-4）

$\beta_{1j} = \gamma_{10} + U_{1j}$ （4-5）

其中，LKP_{ij} = 第 j 个团队中第 i 个成员的知识权力损失，γ_{00} = 跨团队截距项的平均数，γ_{10} = 跨团队斜率的平均数（用于检验 Level-1 的主效应），$Var(r_{ij}) = \sigma^2$ = Level-1 残差的方差，$Var(U_{0j}) = \tau_{00}$ = 截距的方差，$Var(U_{0j}) = \tau_{11}$ 斜率的方差。

表 4-6 中模型 5 呈现了步骤二的模型估计结果，可见 Level-1 变量知识权力损失对知识隐藏的主效应为 $\gamma_{10} = 0.574$，$p < 0.001$。在 Level-1 模型中，可通过加入知识权力损失（LKP）之后，组内方差的减少程度来计算 R^2（此为一个 pseudo R^2，即准决定系数），换言之，可以计算出虚无模型中知识隐藏

(KH) 的组内方差有多少百分比可被知识权力损失（LKP）解释，计算公式如式（4-6）所示：

$$\text{Pesudo\_R}^2_{\text{level-1}} = (\sigma^2 \text{ from step1} - \sigma^2 \text{ from step2})/(\sigma^2 \text{ from step1}) \quad (4-6)$$

在步骤二中，$\text{Pesudo\_R}^2_{\text{level-1}} = (1.232 - 0.719) \div 1.232 = 0.416$，表示知识隐藏的组内方差有 41.6% 被知识权力损失所解释。此外，在加入知识权力损失后，$\text{Var}(U_{0j}) = \tau_{00} = 0.406$，且卡方检验的结果显示此组间方差是显著的：$\chi^2(22) = 35.554$，$p < 0.05$，表明存在高层次变量影响知识隐藏，可以进行下一步骤的分析。

步骤三：检验 Level-2 变量的跨层次主效应（检验假设 H4-8 和假设 H4-9）。

为了检验 Level-2 变量绩效动机氛围和精熟动机氛围对知识隐藏的跨层次主效应，将绩效动机氛围和精熟动机氛围加入 Level-2 模型，并估计以下的截距作为结果变量（intercept-as-outcome）的模型，如式（4-7）、式（4-8）和式（4-9）所示：

Level-1 模型：　　　　$KH_{ij} = \beta_{0j} + \beta_{1j}(LKP_{ij}) + r_{ij}$ 　　　　（4-7）

Level-2 模型：　　　　$\beta_{0j} = \gamma_{00} + \gamma_{01}(PC_j) + \gamma_{02}(MC_j) + U_{0j}$ 　　（4-8）

$$\beta_{1j} = \gamma_{10} + U_{1j} \quad (4-9)$$

其中，PC_j = 第 j 个团队的绩效动机氛围，MC_j = 第 j 个团队的精熟动机氛围，γ_{01} = Level-2 变量绩效动机氛围对知识隐藏的跨层次主效应；γ_{02} = Level-2 变量精熟动机氛围对知识隐藏的跨层次主效应，$\text{Var}(r_{ij}) = \sigma^2$ = Level-1 残差的方差，$\text{Var}(U_{0j}) = \tau_{00}$ = 截距项残差的方差，$\text{Var}(U_{1j}) = \tau_{11}$ = 斜率的方差。

表 4-6 中的模型 6 呈现了步骤三的模型估计结果，可见 Level-2 变量绩效动机氛围对知识隐藏的跨层次主效应为 $\gamma_{01} = 0.115$，$p < 0.05$，Level-2 变量精熟动机氛围对知识隐藏的跨层次主效应为 $\gamma_{02} = -0.109$，$p < 0.01$。因此，假设 H4-8 和假设 H4-9 得到支持。

同步骤二一样，同样可以计算有多少百分比的截距方差可以被绩效动机氛围和精熟动机氛围所解释，计算公式如式（4-10）所示：

$$\text{Pesudo\_R}^2_{\text{level-2截距式}} = (\tau_{00} \text{ from step 2} - \tau_{00} \text{ from step3})/(\tau_{00} \text{ from step 2})$$

$$(4-10)$$

在步骤三中，$Pesudo\_R^2_{level-2截距式} = (0.406 - 0.356) \div 0.406 = 0.123$，表示有 12.3% 的截距方差被 Level-2 的变量绩效动机氛围和精熟动机氛围所解释。此外，HLM 亦估计了斜率的方差 $Var(U_{1j}) = \tau_{11} = 0.133$，卡方检验的结果显示此方差达到显著 $\chi^2(22) = 38.114$，$p < 0.05$，表明知识权力损失与知识隐藏的关系在不同的知识型团队之间具有显著的差异，存在团队层次的调节变量，可以进行下一步骤的分析。

步骤四：检验 Level-2 变量的调节效应（检验假设 H4 – 10 和假设 H4 – 11）。

为了检验 Level-2 变量绩效动机氛围和精熟动机氛围的调节效应，将绩效动机氛围和精熟动机氛围加入 Level-2 模型，并估计以下的斜率作为结果变量（slope-as-outcome）的模型，如式（4 – 11）、式（4 – 12）和式（4 – 13）所示：

Level-1 模型：
$$KH_{ij} = \beta_{0j} + \beta_{1j}(LKP_{ij}) + r_{ij} \quad (4-11)$$

Level-2 模型：
$$\beta_{0j} = \gamma_{00} + \gamma_{01}(PC_j) + \gamma_{02}(MC_j) + U_{0j} \quad (4-12)$$
$$\beta_{1j} = \gamma_{10} + \gamma_{11}(PC_j) + \gamma_{12}(MC_j) + U_{1j} \quad (4-13)$$

其中，γ_{11} = 绩效动机氛围的调节效应，γ_{12} = 精熟动机氛围的调节效应，$Var(r_{ij}) = \sigma^2$ = Level-1 残差的方差，$Var(U_{0j}) = \tau_{00}$ = 截距残差的方差，$Var(U_{1j}) = \tau_{11}$ = 斜率残差的方差。

表 4 – 6 中的模型 7 呈现了步骤四的模型估计结果，可见绩效动机氛围对知识权力损失与知识隐藏之间关系的跨层次调节效应为 $\gamma_{11} = 0.101$，$p < 0.1$精熟动机氛围对知识权力损失与知识隐藏之间关系的跨层次调节效应为 $\gamma_{12} = -0.108$，$p < 0.1$。因此，假设 H4 – 10 和假设 H4 – 11 得到支持。同样的，可以计算斜率方差被绩效动机氛围和精熟动机氛围的解释程度，其计算公式如式（4 – 14）所示：

$$Pesudo\_R^2_{level-2交互作用效果} = (\tau_{11}\ from\ step\ 3 - \tau_{11}\ from\ step 4)/(\tau_{11}\ from\ step\ 3)$$
$$(4-14)$$

在步骤四中，$Pesudo\_R^2_{level-2交互作用效果} = (0.133 - 0.090) \div 0.133 = 0.323$，表示斜率项的方差有 32.3% 被绩效动机氛围和精熟动机氛围解释。

4.7 讨论与启示

4.7.1 实证结果讨论

本章基于知识权力理论,探讨了物理因素主范畴中知识社会属性——感知的知识所有权对知识型团队成员知识隐藏的影响及其作用机制,通过问卷获取研究数据,对提出的研究假设进行了实证检验。下面将总结本章的实证研究结果,并进行相应的讨论。

(1) 感知的知识所有权对知识型团队成员的知识隐藏有显著影响,其中,感知的知识个人所有权对知识型团队成员的知识隐藏有显著正向影响;感知的知识组织所有权对知识型团队成员的知识隐藏有显著负向影响。已有学者从领地性视角探讨了组织内部员工的知识隐藏行为,发现如果员工将自己的知识视为知识领地,为了避免私有知识领地被其他人侵犯和进入,从而对同事隐藏知识(Huo, Cai and Luo et al., 2016; Peng, 2013; 姜荣萍,何亦名,2014; von der Trenck, 2015)。本章的实证研究结果显示感知的知识个人所有权对知识型团队成员的知识隐藏有显著的正向影响,这一研究发现与上述从领地性视角的研究结果相一致。进一步,康斯坦特、基斯勒和斯普劳尔(1994),耶尔文佩和斯特普尔斯(2001)研究发现,感知的知识个人所有权与自我报告的知识共享正相关,他们认为这主要是员工能够从分享私有知识中获得内在的满足感。然而,本章的研究发现感知的知识个人所有权与自我报告的知识隐藏也正相关。因此,本章的研究进一步证实了知识共享和知识隐藏是两个虽有相关性但又不相同的构念。感知的知识个人所有权很可能导致如第 2 章中所提及的"部分共享"(高知识共享和高知识隐藏并存)。最后,本章的研究显示,感知的知识组织所有权对知识型团队成员的知识隐藏有显著的负向影响,以往的研究也发现,当个体持有知识组织所有权心理的时候,个体认为分享知识属于角色内行为,具有亲社会动机,更多地以组织或团队利益为重,更愿意公开知识和提供知识帮助(Constant, Kiesler and Sproull, 1994)。

(2) 知识权力损失对知识型团队成员的知识隐藏有显著的正向影响,且在感知的知识所有权与知识隐藏的关系之间起到完全中介作用。首先，本章的实证研究结果显示，知识权力损失对知识型团队成员知识隐藏有正向影响，这一实证结果与知识权力理论相一致。知识权力理论指出，知识与权力密不可分，知识型团队内部成员之间知识的传播与转移必然伴随着权力流失和权力控制（Gordon and Grant，2004）。团队内部的知识转移将造成知识所有权人的增加，虽然个体的知识存量并不随着知识转移而减少，但是随着共同所有权人的增加，个体在团队中的知识权力会受到损失。因此，知识型团队成员很可能为了规避知识权力损失而选择隐藏知识。其次，本章的实证研究结果显示，知识权力损失在感知的知识所有权与知识隐藏的关系之间起到完全中介作用。该实证结果揭示了感知的知识个人所有权和感知的知识组织所有权之所以会对知识隐藏产生相反的作用，主要源于不同的知识所有权感知对知识权力损失的作用方向不同。这是本章研究的重要研究发现之一，打开了感知的知识所有权对知识型团队成员知识隐藏作用机制的"黑箱"，这一作用机制可以表述为"感知的知识所有权—知识权力损失—知识隐藏"。最后，本章的这一实证研究结果显示物理因素中知识社会属性——感知的知识所有权通过影响人理因素中的"规避损失"而间接作用于知识隐藏。因此，本章的这一研究结果也为第3章整合模型中物理因素对知识隐藏的作用路径提供了实证证据支撑。

（3）团队动机氛围对知识型团队成员的知识隐藏有显著的跨层次直接作用。其中，绩效动机氛围对知识型团队成员的知识隐藏有显著正向影响；精熟动机氛围对知识型团队成员的知识隐藏有显著负向影响。现有文献主要探讨了团队知识共享氛围、创新氛围等对成员知识隐藏的影响（Connelly，Zweig and Webster et al.，2012；姜荣萍，何亦名，2013；Serenko and Bontis，2016），本章的研究进一步丰富了团队氛围对知识隐藏的影响，发现了团队动机氛围同样对知识隐藏具有重要作用。纳斯塔德、罗伯茨和理查森（2013）指出，团队绩效动机氛围使团队成员之间处于社会比较和竞争之中，使团队成员产生更多不良的非适应性行为，如更差的绩效、绩效焦虑、低水平坚持和离职倾向；团队精熟动机氛围使团队成员处于自我提升和相互学习之中，使团队成员产生更多良好的适应性行为，如更好的绩效、高度工作卷入、额外努力。本章的这一实证研究结果与纳斯塔德、罗伯茨和理查森（2013）的观点基本一致。知识型团队的绩效动机氛围营造了一种社会比较和相互竞争，团队成员对于这种环境信息的加工很可能导致彼此隐藏重要知识，从而压制竞争对手以获得成功；知识型团队的精熟动机氛围的目标是提升员工技能、促进相互合作、对知识精准熟练掌握，团队成员对于这种环境信息的加工减少了彼此间的知识隐藏，形成良性循环，提升自我能力以获得成功。

（4）知识型团队的动机氛围对个体层面的知识权力损失与知识隐藏之间的关系起到跨层次的调节作用。其中，绩效动机氛围起到强化知识权力损失与知识隐藏之间正向关系的作用；精熟动机氛围起到弱化知识权力损失与知识隐藏之间正向关系的作用。首先，上述结论进一步丰富了瑟尼、赫纳乌斯和戴斯维克等（2017）关于团队动机氛围在员工知识隐藏过程中作用的研究。瑟尼、赫纳乌斯和戴斯维克等（2017）证实了团队动机氛围在知识隐藏与隐藏者的创造力的关系中起到调节作用，本章的实证研究结果显示，团队动机氛围不但对知识隐藏起到跨层次的直接作用，还对前因变量知识权力损失与知识隐藏之间的关系起到调节作用。其次，第3章的研究发现，事理因素对知识隐藏起到情境边界条件的作用，本章的调节作用研究发现也为第3章整合模型中事理因素的这一影响方式和作用路径提供了实证证据支撑。

4.7.2　理论贡献

（1）本章研究拓展了知识隐藏在知识属性方面的前因变量。现有研究探讨了知识自然属性（复杂性、内隐性和嵌入性等）对知识隐藏的影响，然而，鲜有研究探讨知识社会属性（感知的知识所有权）对知识隐藏的影响，本章的研究填补了上述研究缺口。同时，本章研究也回应了学者们的呼吁需要进一步研究知识社会属性——感知的知识所有权对员工知识行为的影响（Wang and Noe，2010）。

（2）本章研究基于知识权力理论视角，揭示了知识社会属性——感知的知识所有权对知识隐藏的作用机制，丰富了知识隐藏研究的理论视角。尽管知识一直以来都被视为知识型团队成员权力的来源，然而，现有知识管理领域的文献却较少从权力视角来探讨团队成员的知识隐藏或知识分享行为（Gordon and Grant，2004；Wang and Noe，2010）。现有文献多集中使用社会交换理论、调节焦点理论、资源保存理论和领地行为理论对知识隐藏的前因变量展开研究，本章的研究从知识权力理论视角出发，发现知识权力损失对知识隐藏有显著正向影响，且在感知的知识所有权与知识型团队成员知识隐藏的关系之间起到完全中介作用。因此，本章的研究丰富了知识隐藏研究的理论视角。

（3）本章研究拓展了知识隐藏在团队氛围方面的前因变量。现有文献主要探讨了知识共享氛围、创新氛围、公平公正氛围等对知识隐藏的影响（Connelly, Zweig and Webster et al., 2012；姜荣萍，何亦名，2013；Serenko and Bontis, 2016），本章研究发现了知识型团队的动机氛围（绩效动机氛围和精熟动机氛围）同样对成员的知识隐藏具有重要的影响，进一步丰富了团队氛围对知识隐藏影响的研究文献。

4.7.3　管理启示

（1）管理者需要通过多种渠道引导团队成员从"我的"知识感知向"我们的"知识感知过渡，从而削减知识型团队成员的知识隐藏行为。例如雷希贝格和赛义德（Rechberg and Syed, 2013）指出可以构建一个基于信任、平等、公正的组织与员工道德契约，平衡知识个人所有权和知识组织所有权，从而保证组织内部知识活动的流畅性。此外，培育高凝聚力、员工导向的团队文化，使得员工对工作团队产生归属感和认同感，团队成员就会将工作团队视为自我的延伸，极力发展和完善包含有团队的"自我"，形成感知的知识组织所有权，削弱知识隐藏。

（2）管理者需要完善激励机制和保障机制来降低知识型团队成员的知识权力损失感，从而抑制知识隐藏的发生。例如，可以对拥有关键性知识的团队成员采取终身聘用制或股权激励措施，保障其职业安全，消除其后顾之忧，降低知识隐藏。管理者需要建立知识型团队成员的知识档案，确认团队重要知识的来源，并为贡献重要知识的团队成员提供相应的激励措施（如奖励、职位提升的优先权等），确保知识贡献者能够得到公平公正的对待。

（3）管理者需要注重营造和建设团队精熟动机氛围，避免过分强调"绩效主义"。虽然通过团队内部竞争能够使一些团队成员脱颖而出，但是容易破坏团队的凝聚力和向心力，使得知识型团队成员之间彼此提防而隐藏知识，不利于团队的长期发展。

4.8 本章小结

本章在第 3 章所构建的知识型团队成员知识隐藏影响因素的整合模型的基础上，探究了物理因素主范畴中知识社会属性——感知的知识所有权对知识型团队成员知识隐藏的作用机制。基于知识权力理论，引入知识权力损失和团队动机氛围两个变量，构建了相应的研究模型，并提出了相关研究假设。利用嵌套在 23 个知识型团队中 344 人的调查数据对研究假设进行实证检验。本章研究发现：感知的知识个人所有权、感知的知识组织所有权对知识型团队成员的知识隐藏分别有显著的正向与负向影响；知识权力损失在感知的知识所有权与知识隐藏的关系之间起完全中介作用；团队的绩效动机氛围和精熟动机氛围对团队成员的知识隐藏分别有显著的正向与负向影响；绩效动机氛围和精熟动机氛围还分别起到了强化和弱化知识权力损失与知识隐藏之间正向关系的作用。本章研究对于降低知识型团队成员的知识所有权冲突，以及事前预防和削减知识型团队成员的知识隐藏行为具有一定的管理启示。

第 5 章 团队政治氛围对知识型团队成员知识隐藏的作用机制

关于事理因素主范畴中的"团队氛围",现有研究仅探讨了特定积极氛围(如知识共享氛围、创新氛围)对知识型团队成员知识隐藏的影响,鲜有研究探讨特定消极氛围对知识型团队成员知识隐藏的影响。学者们指出,相较于积极氛围,消极氛围对组织或个体所产生的负面影响更为显著且深远(段锦云,王娟娟,朱月龙,2014;陈梦媛,2017)。韦伯斯特、布朗和茨威格等(2008)指出团队政治氛围很可能造成团队成员之间的利益冲突和人际关系不和谐,需要特别关注团队政治氛围这一特定消极氛围是否能够诱发知识型团队成员的知识隐藏行为。本章将在第3章的基础上,基于调节焦点理论,围绕整合模型事理因素主范畴中团队政治氛围对知识型团队成员知识隐藏的影响及其作用机制进行深入的实证研究。

5.1 研究模型构建

团队政治氛围指团队成员对同事从事各种自利且不被组织认可的行为的共同感知(林叶,李燕萍,2016)。政治氛围被学者们认为是一种特定消极氛围(张晓怿,王云峰,于巍,2016)。组织或团队的管理者在决策和资源分配中往往存在"人治主义"和"偏私主义"等倾向(刘军,宋继文,吴隆增,2008);我国社会的差序格局也使得人们在人际交往中注重"人情"和"关系"等(费孝通,2002)。有学者指出,我国社会文化和组织管理决策的上述特点更容易为组织或团队政治氛围的滋生提供天然的土壤(陈梦媛,2017)。

缪炯和张龙（2016）指出，相较于欧美企业，我国企业中的政治氛围更加明显。因此，在中国组织情境下，探讨团队政治氛围对知识型团队成员知识隐藏的影响及其作用机制显得更为重要。

调节焦点理论为探讨团队政治氛围对知识型团队成员知识隐藏的作用机制提供了一个有效的理论视角。调节焦点理论指出个体所处环境中的情境线索将激发个体产生不同的情境调节焦点（促进型情境焦点/防御型情境焦点），进而影响个体的态度和行为。[①] 当环境中的情境线索强调安全感、损失、责任和义务的时候，容易激发个体的防御型情境焦点；当环境中的情境线索强调成长、获得、理想和愿望的时候，容易激发个体的促进型情境焦点。[②] 进一步，防御型情境焦点占主导的个体更加关注环境中的负面情境线索，倾向于采取回避策略来避免损失；促进型情境焦点占主导的个体更加关注环境中的正面情境线索，倾向于采取趋近策略来追求获得。[③] 因此，笔者推断：当知识型团队中具有浓厚政治氛围时，团队环境中存在大量的自私自利行为，往往传递出利益损失、职业安全感等情境线索，从而激发团队成员的防御型情境焦点，具有防御型情境焦点的团队成员在面临其他成员的知识请求时，很可能采用知识隐藏这种回避策略来规避损失。

鉴于此，基于调节焦点理论，本章构建了团队政治氛围对知识型团队成员知识隐藏作用机制的研究模型，如图5-1所示。

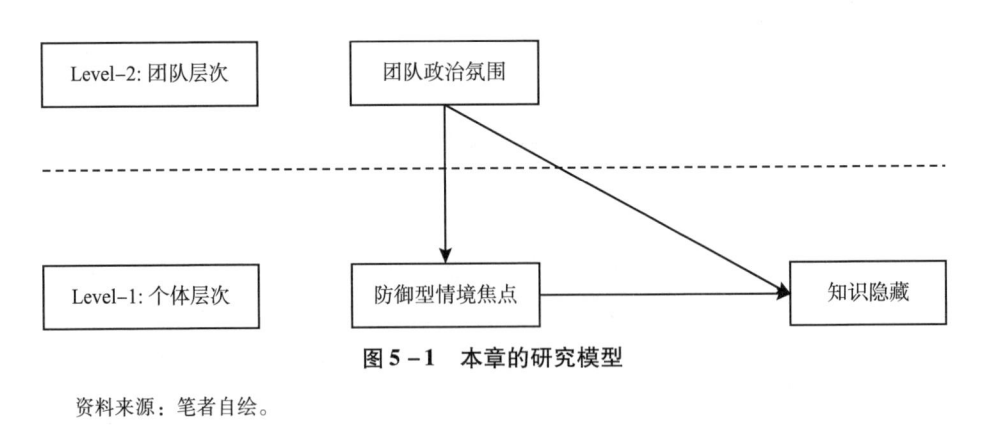

图5-1 本章的研究模型

资料来源：笔者自绘。

[①][②][③] Neubert M J, Kacmar K M, Carlson D S et al. Regulatory Focus as a Mediator of the Influence of Initiating Structure and Servant Leadership on Employee Behavior [J]. Journal of Applied Psychology，2008，93 (6)：1220-1233.

5.2 理论基础

5.2.1 团队政治氛围

团队政治氛围作为一个团队层次的变量，是员工政治知觉在团队层次的反映（林叶，李燕萍，2016）。所谓员工政治知觉是指员工对于同事为了自身利益而从事各种自利且不被组织认可的行为的主观知觉（Ferris and Kacmar，1992）。当这种主观知觉成为团队成员的普遍认知的时候，则可以汇聚到团队层面，便形成了团队政治氛围（Drory，1993）。因此，员工的组织政治知觉是个体层次的变量，而团队政治氛围是团队层次的变量。团队政治氛围指团队成员对同事为了自身利益从事各种自利且不被组织认可的行为的共同感知（林叶，李燕萍，2016）。本书认同此定义并在此基础上展开研究阐述。

在此，需要强调以下三点：（1）本书中的"政治"一词仅表示职场中员工为了自身利益从事的各种自利且不被组织认可的行为，与人们一般理解的"政治"一词（如政党政治）含义不同；（2）本书中的"政治氛围"属于组织行为学研究领域的特定学术用语，英文表述为"political climate"，中文文献将其翻译为"政治氛围"，属于约定俗成的学术用语。例如，德罗里（Drory，1993）探讨了员工感知的政治氛围（perceived political climate）对工作态度的影响，林叶和李燕萍（2016）探讨了团队政治氛围在员工前瞻行为与工作绩效关系中的调节作用，梁明辉和易凌峰（2018）研究了组织政治氛围对员工疏离感的影响；（3）组织行为领域的研究者一般认为团队或组织政治氛围是一种消极氛围。[①]

目前，整个政治氛围（包括团队政治氛围和组织政治氛围）领域的研究还处于起步阶段，仅有部分学者探讨了团队或组织层面的政治氛围（例如，陈梦媛，2017；林叶，李燕萍，2016；Darr and Johns，2004；Treadway, Ad-

---

[①] 张晓怿，王云峰，于巍. 特定组织氛围研究述评与展望 [J]. 外国经济与管理，2016，38(9)：64-79.

amsand Goodman，2005；Landells and Albrecht，2013），多数学者都是从员工个体层面来探讨组织政治知觉的影响结果。因为团队政治氛围是员工政治知觉在团队层次上的反映，所以有必要在此对员工组织政治知觉的研究视角和研究文献进行梳理。

现有文献主要从工作压力和社会交换两个理论视角对员工组织政治知觉与结果变量之间的关系展开研究。[①] 从工作压力理论视角来看，学者们认为组织政治知觉是一种阻断型压力源，处于高度政治化职场环境中的员工不得不将自身有限的资源用于应对这种压力，而一旦员工感到自身无法应对这种职场环境压力的时候，很可能产生离职倾向（Ferris，Fedor and Chachere et al.，1989）。从社会交换理论视角来看，学者们认为工作环境是个体与组织或团队进行交换的场所。崔勋和瞿皎皎（2014）指出在高度政治化的工作环境中，员工的回报往往是由关系、权利或其他的主观条件所决定，个体劳动付出、工作绩效等客观标准所起的影响有限。因此，高度政治化的职场环境将造成员工与组织或团队之间的交换关系变得难以预测、打击员工的工作士气和工作满意度（Rosen，Levy and Hall，2006）。有学者在整合上述两种理论视角的基础上，通过元分析发现，员工的组织政治知觉对工作满意度、情感承诺、任务绩效和组织公民行为（包含组织指向和个人指向的组织公民行为）均有显著的负向影响，对工作压力和离职倾向有显著的正向影响（Chang，Rosen and Levy，2009）。

虽然团队氛围一直被认为是影响团队成员知识行为的重要情境变量，但是鲜有研究探讨团队政治氛围对知识隐藏的影响。本章将基于调节焦点理论，探究团队政治氛围对知识型团队成员知识隐藏的作用机制。

5.2.2　调节焦点理论

在个体行为动机的文献中，追求快乐避免痛苦的享乐原则一直以来都占据着主导地位，但是享乐原则并不能解释不同的人会采取何种方式和路径来趋近

[①] Chang C，Rosen C C，Levy P E. The Relationship between Perceptions of Organizational Politics and Employee Attitudes，Strain，and Behavior：A Meta-Analytic Examination [J]. Academy of Management Journal，2009，52（4）：779 - 801.

快乐和避免痛苦（毛畅果，2017；曹元坤，徐红丹，2017）。这使得享乐原则很难解释一些现象，例如，在追求快乐和避免痛苦的过程中，为什么有的人更注重追求获得，有的人更关注回避损失（毛畅果，2017）？

希金斯（Higgins，1997）提出的调节焦点理论（regulatory focus theory）弥补了上述不足，调节焦点理论旨在关注个体行为动机的形成方式和实现路径。调节焦点理论指出，个体在追求期望的最终状态的过程中，存在两种不同的自我调节焦点。一是促进型焦点（promotion focus），例如追求快乐；二是防御型焦点（prevention focus），例如避免痛苦。曹元坤和徐红丹（2017）指出促进型焦点和防御型焦点在需求导向、期望状态、发生情境、实现策略、结果反应和情绪跨度6个方面存在差异。促进型焦点关注成长需求，期望状态为理想自我，发生情境为获得—无获得情境，实现策略为追求成功的趋近策略，对积极结果的出现或缺失更为敏感，情绪跨度为快乐—沮丧；防御型焦点关注安全需求，期望状态为责任自我，发生情境为无损失—损失情境，实现策略为避免失败的回避策略，对消极结果的出现或缺失更为敏感，情绪跨度为平静—激动。

现有文献又进一步将调节焦点区分为特质调节焦点和情境调节焦点。特质调节焦点是指由性格或成长经历所影响而形成的一种习惯性倾向，具有长期稳定性；情境调节焦点是指由个体所处的环境所激发的一种适应性状态，具有情境依赖性（Neubert，Kacmar and Carlson et al.，2008）。肖勒和希金斯（Scholer and Higgins，2008）将特质调节焦点和情境调节焦点看作个体调节焦点在战略层次和战术层次上的不同表现，相对于战略层次的特质调节焦点，战术层次的情境调节焦点则更容易受到外在环境的影响。一般而言，关注成长发展、传递获得—无获得的工作情境容易激发员工的促进型情境焦点；关注安全保障、传递无损失—损失的工作情境容易激发员工的防御型情境焦点（Neubert，Kacmar and Carlson et al.，2008）。

关于情境调节焦点的前因变量，现有研究主要集中在交易型领导和变革型领导（Kark and Van，2007）、服务型领导和结构化领导（Neubert，Kacmar and Carlson et al.，2008）、领导反馈、行为示范和语言框架（李磊，尚玉钒，2011；李磊，席酉民，尚玉钒，2013）和工作场所目标导向（Johnson，Shull and Wallace，2011）等方面。

关于情境调节焦点的结果变量，现有文献主要集中在组织公民行为、帮助行为、创新行为、反生产行为和偏差行为等方面。现有研究发现，促进型情境焦点与员工的组织公民行为、创新行为和帮助行为呈现正相关，而防御型情境焦点与员工的反生产行为和职场偏差行为呈现正相关（Neubert, Kacmar and Carlson et al. , 2008; Lanaj, Chang and Johnson, 2012）。

情境调节焦点是由个体所处工作环境中的情境线索诱发，进而影响个体的行为，常常被用于解释工作环境对个体行为影响的过程机制。① 然而，工作场所氛围作为工作环境中重要的情境变量，现有文献却较少关注个体所处的团队氛围（如创新氛围、政治氛围等）对个体情境调节焦点的影响。② 本章将探讨团队政治氛围能否激发团队成员形成防御型情境焦点，进而表现出更多的知识隐藏行为。

5.3 研究假设

5.3.1 团队政治氛围与知识隐藏

首先，在具有浓厚政治氛围的知识型团队中，团队成员很可能为了一己私利，损害其他成员的利益，造成团队成员之间的利益冲突（陈梦媛，2017）。利益冲突将不利于团队成员之间的交流和沟通，产生彼此防备心理。曹科岩、李凯和龙君伟（2008）研究发现，政治氛围将削弱同事之间的信任度，增加彼此之间的不信任。而不信任将增加团队成员之间的知识隐藏（Connelly, Zweig and Webster et al. , 2012）。同样，梁明辉和易凌峰（2018）也发现政治氛围将增强员工之间的疏离感。因此，本书认为当知识型团队具有浓厚政治氛围时，团队成员之间的利益冲突、不信任和疏离感将导致团队成员更多地隐藏知识。

其次，在具有浓厚政治氛围的知识型团队中，团队成员很可能为了保证自

---

①② 曹元坤，徐红丹. 调节焦点理论在组织管理中的应用述评 [J]. 管理学报，2017, 14（8）：1254－1262.

己的权力或利益而隐藏知识。叶茂林（2013）指出，员工之间隐藏知识或不愿意分享知识，很大程度上是出于对自己权力或利益的考量。知识作为高价值资源，能够为知识型团队成员带来一定的权力和利益，分享具有独特价值的知识很可能造成个体竞争力、权力或利益的丧失（Kankanhalli，Tan and Wei，2005）。因此，当知识型团队具有浓厚政治氛围时，团队成员很可能为了保证自己的权力或利益而对同事隐藏知识。

最后，在具有浓厚政治氛围的知识型团队中，团队成员的绩效和奖励往往是由关系、权利或其他的主观条件所决定，而非由劳动付出、工作绩效等客观标准而决定（崔勋，瞿皎姣，2014），这容易使得员工产生强烈的不公平和不公正感（Rosen，Levy and Hall，2006）。这种不公平或不公正感将很大程度上降低员工的工作满意度和组织承诺，从而削弱其助人等组织公民行为（Chang，Rosen and Levy，2009）。马超、凌文辁和方俐洛（2006）甚至指出，在具有浓厚政治氛围的职场环境中，同事之间的关系往往表现为"人人自扫门前雪"。

综合上述分析，本章研究认为，知识型团队政治氛围将会诱发团队成员的知识隐藏行为。由此，本章提出如下研究假设：

H5-1：团队政治氛围对知识隐藏有正向影响。

5.3.2 防御型情境焦点的中介作用

政治氛围被学者们视为一种消极氛围（张晓怿，王云峰，于巍，2016）。笔者认为知识型团队的政治氛围很可能激发团队成员产生防御型情境焦点，而非促进型情境焦点。崔勋和瞿皎姣（2014）指出，在具有浓厚政治氛围的工作环境中，员工获得的资源、奖励或晋升往往是由关系或少数掌权者所决定，员工的劳动付出、工作绩效等往往与自身所得到的回报不能成正比。因此，知识型团队的政治氛围不能传递出关爱员工成长发展，以及获得—无获得的情境线索，不能激发团队成员的促进型情境焦点。相反，知识型团队的政治氛围常常传递出职业安全保障、无损失—损失的情境线索，从而激发团队成员的防御型情境焦点。例如，缪炯和张龙（2016）指出，工作场所中浓厚的政治氛围往往伴随有构陷、徇私和不确定性等特征，员工常常会关注自身职业安全保障，避免他人的自私自利行为对自身职业安全构成威胁。还有学者的研究发现对职业安全的关注将诱发员工产生防御型情境焦点（Wallace and Chen，2006）。此外，在具有浓厚政治氛围的团队中，一些团队成员为了自己的利益而常常在背后贬损或伤害其他成员的利益，这将传递出更多的无损失—损失情境线索。例如，有学者指出，工作场所的政治氛围将促使员工更多地关注自身利益能否受到损失，员工也更多地采取防御型策略（Ashforth and Lee，1990）。因此，本章研究认为知识型团队的政治氛围将使得团队成员产生防御型情境焦点。由此，本章提出如下研究假设：

H5－2：团队政治氛围对防御型情境焦点有正向影响。

个体的情境调节焦点会影响个体的认知、态度和行为。本章研究认为当知识型团队成员的防御型情境焦点被激发后，会展现出更多的知识隐藏行为。首先，具有防御型焦点的个体倾向于采取避免损失的回避策略。在知识型团队中，知识是团队成员生存和发展的重要前提，将知识传递给同事将会造成个体知识权利的损失（Kankanhalli，Tan and Wei，2005）。当知识型团队成员具有防御型情境焦点时，很可能会为了避免知识权利损失，而选择隐藏知识。利伯曼、伊德森和卡马乔等（Liberman，Idson and Camacho et al.，1999）也指出，具有防御型焦点的个体不愿意与他人进行知识等所有权目标物的交换，他们试图控制知识，保证自身的竞争力，而且常常会避免变化而维持稳定。

其次，具有防御焦点个体的期望状态为"责任自我"，关注自身的职责与义务。回应同事的知识请求或替同事解决难题常常超出了个体的工作职责，且分享知识会耗费个体的时间和精力，很可能造成个体不能按时完成自己的工作。因此，当知识型团队成员具有防御型情境焦点时，很可能将更多的时间和精力投入在自己的工作职责上，从而达到个体"责任自我"的期望状态，而非付出额外努力帮助同事或为同事解决难题，从而表现出更多的知识隐藏。现有研究也指出，具有防御焦点的个体较少支持他人或对他人的支持予以回馈（Lanaj，Chang and Johnson，2012；Gorman，Meriac and Overstreet et al.，2012；Righetti and Kumashiro，2012）。

综合上述分析，当知识型团队成员具有防御型情境焦点时，由于其更多采用避免损失的回避策略和更加关注"责任自我"，在面对其他成员的知识请求时，很可能会表现出更多的知识隐藏行为。由此，本章提出如下研究假设：

H5-3：防御型情境焦点对知识隐藏有正向影响。

根据上述假设 H5-1 至假设 H5-3，基于调节焦点理论，本章研究认为知识型团队的政治氛围将激发团队成员的防御型情境焦点，从而导致团队成员表现出更多的知识隐藏行为。由此，本章提出如下研究假设：

H5-4：防御型情境焦点在团队政治氛围与知识隐藏的关系中起到中介作用。

5.4 研究设计

5.4.1 变量测量

为了保证研究的信度与效度，本章研究的变量测量均来自相关成熟量表，并根据具体研究情境进行适当修正。英文量表采用中英文互译法将其翻译成中文量表。变量的测量均采用 5 级 Likert 量表，要求参与者选择对每一题项内容的同意程度，从"1~5"分别表示"完全不同意"到"完全同意"。相应变量的测量题项见附录。

团队政治氛围（TPoC）的测量采用霍克沃特、卡克马尔和裴雷威等（Hochwarter, Kacmar and Perrewe et al., 2003）开发的量表，共 6 个题项。林叶和李燕萍（2016）同样采用该量表对团队政治氛围进行测量。测量例项如"人们会花一些时间去讨好团队中位高权重的人"。

防御型情境焦点（PRF）的测量采用纽伯特、卡克马尔和卡尔森等（Neubert, Kacmar and Carlson et al., 2008）的量表，共 9 个题项。测量例项如"在工作中，我会尽可能地避免损失"。

知识隐藏（KH）的测量采用康奈利、茨威格和韦伯斯特等（2012）的量表，共 12 个题项。题目设置参考康奈利、茨威格和韦伯斯特等（2012）以及瑟尼、纳斯塔德和戴斯维克（2014）所采用的关键事件法："假设团队中某位同事向您寻求某方面重要的知识，您拒绝了他（她）的请求，您可能会多大程度上采取下列做法"。测量例项如"假装我听不懂对方问的问题是什么"。

5.4.2　样本来源和数据收集

本章的研究采用调查问卷的方式进行数据收集。样本来源为9家企业的27个工作团队。这9家样本企业的地点分布在哈尔滨、大庆、北京和长春，来自软件开发、石油化工、机电、航空航天与汽车5个行业。27个样本团队的工作内容均为上述相关行业的产品设计或产品研发，属于典型的知识型团队，符合本章研究对调研对象的要求。

数据收集工作分为两个阶段完成。在第一阶段，向27个知识型团队的304名员工发放了调查问卷，要求参与者报告团队政治氛围和人口统计学变量，回收问卷271份，剔除掉填写不完整和存在明显质量问题的问卷12份（如所有题项的答案一致，或存在明显的规律性答案），最终第一阶段共回收到有效问卷259份，第一阶段的有效问卷回收率为85.2%；第二阶段的数据收集为一个月之后，同样向这27个知识型团队的304名员工发放了调查问卷，要求参与者报告防御型情境焦点和知识隐藏。在第二阶段，回收问卷262份，剔除掉填写不完整和存在明显质量问题的问卷15份（如所有题项的答案一致，或存在明显的规律性答案），最终第二阶段共回收到有效问卷247份，第二阶段的有效问卷回收率为81.2%。

在完成两个阶段的问卷发放和数据收集工作后，研究者对第一阶段和第二阶段回收的有效问卷进行匹配。由于两个阶段的调查问卷都要求参与者按照"姓名拼音+出生年月"的形式（如张三，出生于1990年3月，则编号为zhangsan199003）对问卷进行编号，所以研究者可以在回收问卷后对两个阶段的有效问卷进行很好的匹配。最终，此次调研共计收集到来自27个知识型团队共计210名成员的有效匹配问卷。27个知识型团队的样本规模为4~18人。

样本的描述性统计分析结果见表5-1。从性别来看，男性占比为59.0%，女性占比为41.0%；从年龄来看，25岁及以下占比为19.0%，26~30岁占比为27.6%，31~40岁占比为34.8%，41~50岁占比为14.8%，51岁及以上占比为3.8%；从教育水平来看，专科及以下占比为3.3%，本科占比为65.7%，硕士及以上占比为31.0%；从团队任期来看，1年以下占比为15.2%，1~3年占比为27.6%，3~5年占比为34.8%，5年以上占比为22.4%。

表 5-1　　　　　　　　　　　　样本的描述性统计

指标	分类	频数	占比（%）	指标	分类	频数	占比（%）
性别	男	124	59.0	教育水平	专科及以下	7	3.3
	女	86	41.0		本科	138	65.7
年龄	25 岁及以下	40	19.0		硕士及以上	65	31.0
	26~30 岁	58	27.6	团队任期	1 年以下	32	15.2
	31~40 岁	73	34.8		1~3 年	58	27.6
	41~50 岁	31	14.8		3~5 年	73	34.8
	51 岁及以上	8	3.8		5 年以上	47	22.4

资料来源：笔者根据样本资料整理。

5.5　数据分析

5.5.1　信度与效度分析

由于知识隐藏是由 3 个维度（装傻隐藏、含糊隐藏和辩解隐藏）构成，所以首先需要采用 AMOS 21 软件进行二阶验证性因子分析（second-order confirmatory factor analysis）来对量表的信度和效度进行检验。

量表的信度采用 Cronbach's α 值和组合信度（Composite Reliability，下文用 CR 表示）进行检验。本章研究所有量表的 Cronbach's α 和 CR 值见表 5-2。从表 5-2 中可以看到，所有量表的 Cronbach's α 和 CR 值均大于临界值 0.70，表明量表具有良好的信度。

量表的效度需要从聚合效度和区别效度两个方面进行分析。聚合效度检验采用题项的标准化因子载荷和 AVE（average variance extracted）进行检验。根据海尔、安德森和泰瑟姆等（1992）的建议，验证性因子分析结果中所有题项的标准化因子载荷需要大于 0.50，AVE 值也需要大于 0.50。从表 5-2 中可以看到，所有的因子载荷和 AVE 值均满足上述标准，表明量表具有良好的聚合效度。量表的区别效度检验需要比较 AVE 的平方根和该变量与其他所有变量的相关系数,① 通过后文的表 5-3 可以看到,所有 AVE 的平方根均大于该变量与其他变量的相关系数,表明量表具有良好区别效度。

表 5-2 量表的信度和效度检验

因子	题项	因子载荷	AVE	Cronbach's α	CR
团队政治氛围	TPoC1	0.899	0.875	0.975	0.977
	TPoC2	0.936			
	TPoC3	0.928			
	TPoC4	0.929			
	TPoC5	0.956			
	TPoC6	0.962			
防御型情境焦点	PRF1	0.887	0.809	0.981	0.974
	PRF2	0.842			
	PRF3	0.974			
	PRF4	0.896			
	PRF5	0.825			
	PRF6	0.972			
	PRF7	0.884			
	PRF8	0.822			
	PRF9	0.976			
装傻隐藏(一阶因子)	PD1	0.828	0.770	0.929	0.930
	PD2	0.885			
	PD3	0.879			
	PD4	0.915			
含糊隐藏(一阶因子)	EH1	0.977	0.926	0.978	0.980
	EH2	0.954			
	EH3	0.961			
	EH4	0.957			

---

① Fornell C, Larcker D F. Evaluating Structural Equation Models with Unobservable Variables and Measurement Error [J]. Journal of Marketing Research, 1981, 18 (1): 39-50.

续表

因子	题项	因子载荷	AVE	Cronbach's α	CR
辩解隐藏（一阶因子）	RH1	0.916	0.861	0.961	0.961
	RH2	0.931			
	RH3	0.936			
	RH4	0.929			
知识隐藏（二阶因子）	装傻隐藏	0.960	0.603	0.940	0.814
	含糊隐藏	0.596			
	辩解隐藏	0.729			

资料来源：AMOS 软件统计输出。

5.5.2 共同方法偏差检验

由于每份问卷的所有题目均是由一个参与者作答，可能会出现共同方法偏差（common method bias）问题。因此，需要对获取的数据进行共同方法偏差检验。本章研究同样采用 Harman 的单因素分析方法对共同方法偏差进行检验（Podsakoff, Mackenzie and Lee et al., 2003）。将所有量表的测量题目荷载在1个固定因子上，采用不旋转方法，进行探索性因子分析，得到未旋转时1个固定因子的解释变异为 28.724%（低于 40% 临界值），未能解释总变异的大多数。因此，可以认为本章研究中的共同方法偏差问题并不严重，不会对研究结果产生显著影响。

5.5.3 团队层次变量数据聚合检验

由于团队政治氛围为团队层次的共享型构念，而本章研究是从个体层面测度的员工感知的政治氛围。因此，首先需将团队政治氛围的数据从个体层面聚合到团队层面，本章研究同样采用取平均值的方法进行数据聚合，即将同一个团队所有成员政治氛围得分的平均值作为该团队政治氛围的得分。其次，采用组内一致性指标 $r_{wg}(j)$ 和组内相关系数 ICC(1) 和 ICC(2) 来对数据聚合的统计有效性进行检验。组内一致性指标 $r_{wg}(j)$ 越高，表明同一团队成员对构念具有相同的反应程度就越高。ICC(1) 旨在检验当个体数据聚合到团队层面后,不同团队之间是否具有足够的组间差异性。ICC(2) 指群体平均数的信度,亦即将个体层次的变量聚会到团队层次变量时,此团队层次变量的信度。经过检验得到 27 组数据的团队政治氛围的 $r_{wg}(6)$ 的取值范围为 0.67～0.97,均值为 0.89,均值大于普遍接受的 0.70 标准,[1] 表明团队政治氛围具有良好的组内一致性。团队政治氛围的 ICC(1) = 0.212、ICC(2) = 0.703(F = 3.359,$p < 0.001$)。James (1982) 指出 ICC(1) 的得分范围一般为 0～0.50,中位数为 0.12,本章的数据分析结果显示团队政治氛围的 ICC(1) 大于 0.12,因此团队政治氛围具有足够的组间差异性。作为到聚合到高层次变量信度的指标,团队政治氛围的 ICC(2) 大于普遍接受的标准 0.70。因此,政治氛围从个体层次向团队层次的数据聚合在理论和统计上都是可行的。

5.6 假设检验

在进行假设检验之前,首先利用个体层面的数据对主要变量的均值、标准差和相关系数进行分析,结果见表 5-3。从表 5-3 中可以看到,团队政治氛围与防御型情境焦点($r = 0.207$,$p < 0.01$)和知识隐藏($r = 0.223$,$p < 0.01$)均呈现正相关;防御型情境焦点与知识隐藏正相关($r = 0.463$,$p < 0.001$)。

表 5-3　　　　　　　　变量的均值、标准差和相关系数

变量	1	2	3	4	5	6	7
性别	—						
年龄	0.025	—					
教育水平	0.127	0.182**	—				
团队任期	-0.056	0.464***	-0.049	—			

---

[1] James L R, Demaree R G, Wolf G. Estimating Within-Group Interrater Reliability with and without Response Bias [J]. Journal of Applied Psychology, 1984, 69 (1): 85-98.

续表

变量	1	2	3	4	5	6	7
TPoC	-0.016	-0.038	-0.061	-0.020	**0.935**		
PRF	-0.092	0.105	-0.231**	0.077	0.207**	**0.900**	
KH	-0.094	0.018	-0.148*	0.132	0.223**	0.463***	**0.776**
均值	0.590	2.570	2.280	2.640	2.310	3.720	3.047
标准差	0.493	1.075	0.518	0.993	0.905	0.903	0.758

注：N=210；* 表示 $p<0.05$，** 表示 $p<0.01$，*** 表示 $p<0.001$；双尾检验；TPoC = 团队政治氛围，PRF = 防御型情境焦点，KH = 知识隐藏；对角线上的数值为相应变量 AVE 的平方根。

资料来源：SPSS 软件统计输出。

本章研究的数据包含两个层次，210 个体数据（Level-1）嵌入在 27 个知识型团队（Level-2）之中。因此，本章同样采用多层线性模型（hierarchical linear modeling，HLM）对研究假设进行检验。首先，对假设 H5-1、假设 H5-2 和假设 H5-3 三个直接效应研究假设进行检验，采用的数据分析软件为 HLM 6；其次，对假设 H5-4 的多层次中介效应研究假设进行检验，采用的数据分析软件为 Mplus 7。

5.6.1 直接效应检验

假设 H5-1 预测团队政治氛围（Level-2 变量）对知识隐藏（Level-1 变量）具有正向的跨层次直接效应；假设 H5-2 预测团队政治氛围（Level-2 变量）对防御型情境焦点（Level-1 变量）具有正向的跨层次直接效应；假设 H5-3 预测防御型情境焦点（Level-1 变量）对知识隐藏（Level-1 变量）具有正向的单层次直接效应。运用 HLM 方法对上述三个直接效应研究假设的检验结果见表 5-4。

表 5-4　　　　　　　　直接效应的检验结果

变量	知识隐藏		防御型情境焦点	
	模型 1	模型 2	模型 3	模型 4
截距项	3.043***	3.049***	3.703***	3.703***
Level-1 - 个体层次				

续表

变量	知识隐藏		防御型情境焦点	
	模型1	模型2	模型3	模型4
防御型情境焦点（γ_{10}）	—	0.255**	—	—
Level-2 – 团队层次				
团队政治氛围（γ_{01}）	—	0.434**	—	0.514**
σ^2	0.363	0.290	0.615	0.612
τ_{00}	0.217***	0.160***	0.227***	0.167***
τ_{11}	—	0.047*		
$Pesudo - R^2_{Level-1}$	—	0.201		
$Pesudo - R^2_{截距}$	—	0.263		0.264

注：N(Level-1) = 210，N(Level-2) = 27；* 表示 p < 0.05、** 表示 p < 0.01、*** 表示 p < 0.001；在加入性别、年龄、学历、团队任期和团队规模作为控制变量后，上表中回归系数的显著性没有发生实质性变化；个体层次预测变量采用分组平均数中心化（group-mean centering），团队层次预测变量采用总体平均数中心化（grand-mean centering）。

资料来源：HLM 软件统计输出。

表 5 – 4 中的模型 1 是通过虚无模型检验结果变量知识隐藏在个体层次和团队层次上是否均有变异存在，即检验知识隐藏数据的多层次结构的存在性。从模型 1 的分析结果中可以看到，知识隐藏的组内方差为 σ^2 = 0.363，组间方差为 τ_{00} = 0.217，且卡方检验的结果显示组间方差是显著的：$\chi^2(26)$ = 147.156，p < 0.001。因此，虚无模型的检验结果表明知识隐藏同时存在组内变异和组间变异，且知识隐藏的方差有 37.4% 来自组间方差，存在多层次结构。

表 5 – 4 中的模型 2 是加入 Level-1 个体层次的预测变量防御型情境焦点和 Level-2 团队层次的预测变量团队政治氛围后的模型检验结果。从模型 2 的分析结果中可以看到，团队政治氛围对知识隐藏有显著的正向影响（γ_{01} = 0.434，p < 0.01），通过计算可得知识隐藏的组间方差有 26.3% 被团队政治氛围所解释。因此，假设 H5 – 1 得到支持。同时，防御型情境焦点对知识隐藏也存在显著的正向影响（γ_{10} = 0.255，p < 0.01），通过计算可得知识隐藏的组内方差有 20.1% 被防御型情境焦点所解释。因此，假设 H5 – 3 得到支持。

表 5 – 4 中的模型 3 是通过虚无模型检验结果变量防御型情境焦点在个人

层次和团队层次上是否均有变异存在,即检验防御型情境焦点数据的多层次结构的存在性。从模型3的分析结果中可以看到,防御型情境焦点的组内方差为 $\sigma^2 = 0.615$,组间方差为 $\tau_{00} = 0.227$,且卡方检验的结果显示组间方差是显著的: $\chi^2(26) = 98.824$,$p < 0.001$。因此,虚无模型的检验结果表明防御型情境焦点同时存在组内变异和组间变异,且防御型情境焦点的方差有26.9%来自组间方差,存在多层次结构。

表5-4中的模型4是在模型3的基础上,加入Level-2团队层次的团队政治氛围作为预测变量后的模型检验结果。从模型4的分析结果中可以看到,团队政治氛围对防御型情境焦点存在显著的正向影响($\gamma_{01} = 0.514$,$p < 0.01$),通过计算可得防御型情境焦点的组间方差有26.4%被团队政治氛围所解释。因此,假设H5-2得到支持。

5.6.2 多层次中介效应检验

假设H5-4预测个体的防御型情境焦点(Level-1变量)在团队政治氛围(Level-2变量)与知识隐藏(Level-1变量)的关系中起到中介作用,即本章的中介效应为一个2-1-1形式的多层次中介效应。[①] 在检验2-1-1形式的多层次中介效应的时候,需要对Level-1层次的中介变量进行分组平均数中心化(group-mean centering),并将Level-1层次中介变量的分组平均数作为一个新的变量纳入以截距作为结果变量的模型(intercept-as-outcome model)中,从而有效地区分Level-1中介变量对结果变量的组内和组间效应。[②] 依照该方法,运用Mplus 7软件依次对下列两组模型进行估计,并计算出中介效应的大小及其95%的置信区间。

首先,检验团队政治氛围对防御型情境焦点的跨层次直接效应,估计的第一组模型如式(5-1)和式(5-2)所示:

Level-1 模型: $\qquad \mathrm{PRF}_{ij} = \beta_{0j}^{(1)} + r_{ij}^{(1)}$ $\qquad$ (5-1)

[①] 2-1-1形式的多层次中介效应指自变量来自第二层次,中介变量来自第一层次,结果变量来自第一层次。

[②] Zhang Z, Zyphur M J, Preacher K J. Testing Multilevel-Mediation Using Hierarchical Linear Models: Problems and Solutions [J]. Organizational Research Methods, 2009, 12 (4): 695-719.

Level-2 模型： $\beta_{0j}^{(1)} = \gamma_{00}^{(1)} + \gamma_{01}^{(1)} TPoC_j + U_{0j}^{(1)}$ （5-2）

上述第一组模型中，PRF_{ij} 表示第 j 个团队中第 i 个成员的防御型情境焦点；$TPoC_j$ 表示第 j 个团队的政治氛围。

其次，将中介变量防御型情境焦点进行分组平均数中心化（group-mean centering），并将分组平均数（$PRF_{\cdot j}$）作为一个新的变量纳入以截距作为结果变量的模型中，估计的第二组模型如式（5-3）、式（5-4）和式（5-5）所示：

Level-1 模型： $KH_{ij} = \beta_{0j}^{(2)} + \beta_{1j}^{(2)}(PRF_{ij} - PRF_{\cdot j}) + r_{ij}^{(2)}$ （5-3）

Level-2 模型： $\beta_{0j}^{(2)} = \gamma_{00}^{(2)} + \gamma_{01}^{(2)} TPoC_j + \gamma_{02}^{(2)} PRF_{\cdot j} + U_{0j}^{(2)}$ （5-4）

$$\beta_{1j}^{(2)} = \gamma_{10}^{(2)}$$ （5-5）

上述第二组模型中，KH_{ij} 表示第 j 个团队第 i 个成员的知识隐藏；PRF_{ij} 表示第 j 个团队第 i 个成员的防御型情境焦点；$PRF_{\cdot j}$ 表示第 j 个团队的防御型情境焦点的平均数；$TPoC_j$ 表示第 j 个团队的政治氛围。

通过第一组模型的估计，可以得到团队政治氛围对防御型情境焦点的跨层次直接效应为系数 $\gamma_{01}^{(1)}$ 的估计值。通过第二组模型的估计，可以得到防御型情境焦点的分组平均值对知识隐藏的跨层次直接效应为系数 $\gamma_{02}^{(2)}$ 的估计值。最后，通过 Mplus 7 计算得到的团队政治氛围通过防御型情境焦点对知识隐藏的间接作用（此间接作用为组间效应），即防御型情境焦点的多层次中介效应为 $\gamma_{01}^{(1)} \times \gamma_{02}^{(2)} = 0.243$（$p < 0.05$），且中介效应 95% 的置信区间为 [0.020, 0.537]，不包含零。因此，防御型情境焦点在团队政治氛围和知识隐藏关系之间的中介作用研究假设成立，假设 H5-4 得到支持。

5.7 讨论与启示

5.7.1 实证结果讨论

本章基于调节焦点理论，探讨了事理因素主范畴中团队政治氛围对知识型团队成员知识隐藏的影响及其作用机制，通过问卷获取研究数据，对提出的研究假设进行了实证检验。下面将对本章的实证结果进行讨论，并总结理论贡献。

（1）团队政治氛围对知识型团队成员的知识隐藏有显著的正向影响，该研究结果拓展了知识隐藏在事理因素团队氛围方面的前因变量。现有研究仅探讨了积极氛围（如知识共享氛围、创新氛围）与知识隐藏之间的关系，关于消极氛围对知识隐藏的影响则鲜有学者展开研究。组织或团队氛围方面的研究文献表明，相较于积极氛围，消极氛围对组织、团队或个体所产生的负面影响更为显著且深远（段锦云，王娟娟，朱月龙，2014；陈梦媛，2017）。本章的实证研究结果显示，团队政治氛围对知识型团队成员的知识隐藏具有显著的正向影响。

当知识型团队具有浓厚的政治氛围时，团队成员之间往往会产生较大的利益冲突，容易产生不信任和疏离感，从而造成团队成员之间更多的隐藏知识；团队成员之间也可能出于避免权力或利益损失而隐藏知识。马超、凌文辁和方俐洛（2006）指出，在具有浓厚政治氛围的工作环境中，员工对同事关系也往往具有政治性的认知。其他学者的研究也发现，当个体感到工作场所具有浓厚的政治氛围时，员工将不确定自己的助人行为能否得到回报，从而很可能拒绝帮助同事（Poon，2006）。本章的这一实证研究结果与上述研究发现基本一致。

（2）知识型团队政治氛围对团队成员的防御型情境焦点具有显著的正向影响，该研究结果丰富了情境调节焦点前因变量的研究文献。现有探讨情境调节焦点前因变量的文献多集中在领导方式、领导反馈、行为示范和语言框架，以及工作场所目标导向等方面。虽然工作场所氛围是工作环境中一种重要的情境线索，现有研究却较少探讨工作场所氛围对个体情境调节焦点的影响（曹元坤，徐红丹，2017）。本章的实证研究结果显示知识型团队的政治氛围能够激发团队成员的防御型情境焦点。当知识型团队具有浓厚的政治氛围时，员工的获得的资源、奖励和晋升渠道往往是由关系或少数掌权者主观决定，使得员工担心自己的职业安全。同时，浓厚的政治氛围暗含着团队成员彼此之间可能存在着算计、构陷和徇私，这样的工作环境充满着不确定性，传递出职业安全保障、无损失—损失的情境线索，从而激发团队成员产生防御型情境焦点。本章的研究也回应了曹元坤和徐红丹（2017）的呼吁，他们呼吁学者们进一步研究组织或团队氛围对个体情境调节焦点的影响。

(3) 知识型团队成员的防御型情境焦点在团队政治氛围和知识隐藏的关系中起到中介作用,该结论揭示了团队政治氛围对知识型团队成员知识隐藏的作用机制,打开了作用机制的"黑箱",这一作用机制可以表述为"团队政治氛围—防御型情境焦点—知识隐藏"。首先,知识型团队的政治氛围传递出职业安全感、无损失—损失的情境线索能够激发团队成员的防御型情境焦点。具有防御型情境焦点的知识型团队成员在面临其他成员的知识请求时,很可能为了保障自身职业安全而选择隐藏知识,从而保证自身在团队中的地位不会被他人所替代,避免潜在损失;具有防御型情境焦点的知识型团队成员更加关注"责任自我",很可能将有限的时间与精力投入在自身的工作职责与义务上,而非付出额外时间和精力帮助其他成员。其次,第3章的质性研究发现,事理因素对知识隐藏的一条作用路径为"事理因素—人理因素—知识隐藏",本章的这一研究结果也为上述作用路径提供了实证证据支撑。

(4) 现有关于政治氛围和员工政治知觉对个体结果变量的研究多从工作压力和社会交换两个理论视角展开,本章的实证研究结果显示知识型团队成员的防御型情境焦点在团队政治氛围与知识隐藏的关系之间起到中介作用。这显示了调节焦点理论也有助于解释政治氛围和政治知觉对个体行为的影响,因此,本章的研究也进一步丰富了政治氛围和员工政治知觉研究领域的理论视角。

5.7.2 管理启示

(1) 管理者需要深刻认识到知识型团队政治氛围的潜在危害,需要采取相应的举措来防范政治氛围的形成,从而削减知识型团队成员的知识隐藏行为。

首先,一般来说,在团队中有机会操纵权力和资源的个体,通常都是团队的管理者或非正式的领导者。因此,对于企业高层来说,需要遴选正直的人员来担任知识型团队的领导。这主要是正直的领导能够按章办事,降低"拉帮结派"和"圈子"文化的形成。

其次,在知识型团队的建设过程中,需要建立细致、严谨和清晰的规章制度,增强决策和资源分配的透明度。费里斯、费多和沙切尔等(Ferris, Fedor and Chachere et al.，1989）指出，决策的不透明和资源分配的不确定性将导致员工认为组织中存在较大的"人治"和"偏私"，容易形成暗箱操作和损人利己行为，最终形成浓厚的政治氛围。因此，为了防范知识型团队出现浓厚的政治氛围，需要建立一套细致、严谨和清晰的规章制度，使得团队在决策和资源分配的过程中能够做到有章可循，透明公开，降低团队成员的政治知觉，从而达到削减知识型团队成员知识隐藏的目的。

（2）知识型团队的领导者在日常工作中应该努力激发团队成员的促进型情境焦点，抑制防御型情境焦点，从而达到削减团队成员知识隐藏行为的目的。

首先，社会认知理论指出员工总是通过对榜样的观察，从而调整自身的认知来进行学习。知识型团队领导不同的行为示范、语言和反馈能够影响团队成员产生不同的情境调节焦点（李磊，尚玉钒，2011）。因此，知识型团队领导在日常工作安排和同团队成员沟通交流的过程中，应该努力传递出一种积极向上、关注获得的行为示范，使用促进型的语言风格与描述，并注重积极反馈的使用，从而激发团队成员的促进型情境焦点和抑制团队成员的防御型情境焦点。

其次，知识型团队的领导者应该努力为团队成员营造一种开放和容忍失败的工作环境。知识员工在工作中常常能够就工作内容提出一些不同的见解和方法。作为知识型团队的领导，应该对此持开放态度，欢迎团队成员的"奇思妙想"，并鼓励团队成员进行不同的尝试。当团队成员的创意和想法在工作中遭遇失败的时候，团队领导者应该尝试挖掘其中可能存在的闪光点，并提出改进策略，鼓励其进行进一步的尝试，而不要过度关注失败、过度批评教育等。通过激发知识型团队成员的促进型情境焦点和抑制团队成员的防御型情境焦点，能够引导知识型团队成员更多为追求获得而采取趋近策略，而非过度关注损失而采取回避策略，从而削减团队成员的知识隐藏。

5.8 本章小结

本章在第 3 章所构建的知识型团队成员知识隐藏影响因素整合模型的基础

上，探究了事理因素主范畴中团队政治氛围对知识型团队成员知识隐藏的作用机制。基于调节焦点理论，构建了相应的研究模型，提出了相关研究假设。利用嵌套在 27 个知识型团队中 210 人的调查数据对研究假设进行了检验，研究发现：团队政治氛围对知识型团队成员的知识隐藏有显著的正向影响；知识型团队成员的防御型情境焦点在团队政治氛围和知识隐藏的关系中起到中介作用。本章的研究对于知识型团队营造良好氛围，防范不良氛围，事前预防和削减团队成员的知识隐藏行为具有一定的管理启示。

第6章 黑暗人格三合一对知识型团队成员知识隐藏的作用机制

关于人理因素主范畴中知识拥有者的人格特质,现有文献多从传统的大五人格特质(外向型、经验开放型、亲和型、尽责型和神经质型)视角出发,探讨大五人格特质对知识型团队成员知识隐藏的影响,鲜有文献探究黑暗人格特质对知识型团队成员知识隐藏的影响。本章将在第3章的基础上,基于心理契约理论,对整合模型人理因素主范畴中知识拥有者的人格特质——黑暗人格三合一对知识型团队成员知识隐藏的影响及其作用机制进行深入的实证研究。

6.1 研究模型构建

黑暗人格三合一(the dark triad of personality traits)是由三种各自独立又相互交叉的人格特质组成,构成黑暗人格三合一的人格特质为:马基雅维利主义、自恋和精神病态(Paulhus and Williams, 2002)。大量的研究已经证实了黑暗人格三合一对员工在职场中的负面行为(如机会主义行为、反生产行为、不帮助行为、不合作行为)有显著的正向影响(Grijalva and Newman, 2015; O'Boyle, Forsyth and Banks et al., 2012; Smith, Wallace and Jordan, 2016; Sakalaki, Richardson and Thépaut, 2007)。因此,依照上述研究成果,本章的研究认为在知识型团队中,具有马基雅维利主义、自恋或精神病态人格特质的团队成员在面临其他成员的知识请求的时候,很可能倾向于隐藏知识。

尽管众多证据表明黑暗人格三合一能够有效地预测员工在职场中的负面行

为（如知识隐藏），但是较少有研究关注黑暗人格三合一对这些负面行为的作用机制。学者们指出对这些变量之间作用机制的研究将有助于推动该领域的进一步发展（Li, Barrick and Zimmerman et al., 2014）。遵循上述建议，本章研究将借鉴心理契约理论，探究黑暗人格三合一对知识隐藏的作用机制，认为具有马基雅维利主义、自恋或精神病态人格特质的知识型团队成员倾向于将雇佣关系视为一种交易型心理契约，而交易型心理契约将导致他（她）们漠视其他成员的知识请求，隐藏知识。进一步，虽然有研究显示男性在黑暗人格三合一上的得分一般要高于女性（Paulhus and Williams, 2002; Furnham and Trickey, 2011; Grijalva, Newman and Tay et al., 2015; Jonason and Webster, 2010），但是较少有研究回答下列问题：性别是否能够调节黑暗人格三合一与心理契约类型或员工行为之间的关系。社会角色理论指出男性和女性的社会角色能够被构建在两个连续的极端框架之中：男性表现为个人型特征（agentic characteristics），例如竞争性和统治力，女性表现为公共型特征（communal characteristics），例如温柔和友善。一些学者指出男性的个人型特征与黑暗人格三合一具有更高的契合性（Jonason, Li and Teicher, 2010）。因此，本章研究还将探讨性别能否调节黑暗人格三合一与交易型心理契约之间的关系，从而对知识隐藏产生间接作用。

鉴于此，基于心理契约理论，本章构建了黑暗人格三合一对知识型团队成员知识隐藏作用机制的研究模型，如图6-1所示。

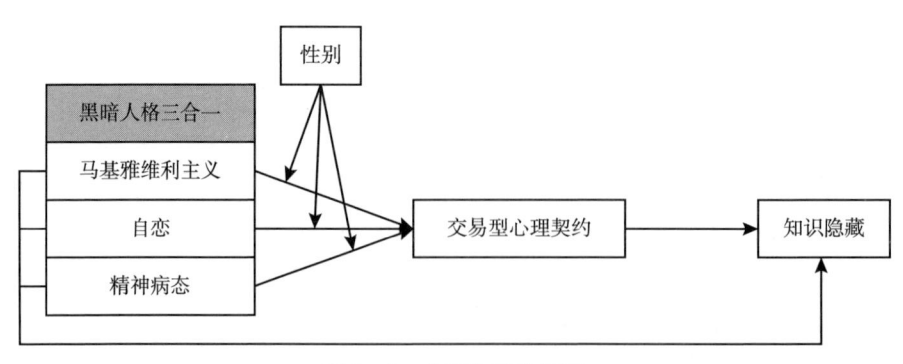

图6-1 本章的研究模型

资料来源：笔者自绘。

6.2 理论基础

6.2.1 黑暗人格三合一

黑暗人格三合一（the dark triad of personality traits）是由三种人格特质组成：马基雅维利主义、自恋和精神病态（Paulhus and Williams，2002）。克里斯蒂和盖斯（Christie and Geis，1970）借助意大利政治学家尼可罗·马基雅维利的著作《君主论》，于1970年首次提出马基雅维利主义（Machiavellianism）这一人格特质构念。马基雅维利主义者（Machiavellians）在心理和行为上一般表现为擅长操纵、功利主义、愤世嫉俗和漠视传统道德，更有可能背叛、欺骗他人。[1]

自恋（narcissism）一词作为日常用语来自希腊神话故事。弗洛伊德最早将其视为一种人格障碍，科胡特（Kohut，1971）认为自恋也是普通人的人性的一部分，从而将自恋引入了主流的人格和社会心理学，被试者逐渐扩展到普通人群。自恋者（narcissist）在心理和行为上一般表现为自我吹嘘、以自我为中心、傲慢和优越感。[2]

精神病态（psychopathy）最初出现在临床心理学的研究领域，黑尔（Hare，1985），利林费尔德和安德鲁斯（Lilienfeld and Andrews，1996）认为精神病态者（psychopaths）并非个个都是精神病人，正常人也有病态心理和病态行为。此后，精神病态逐渐进入了主流的人格和社会心理学研究之中，被试者也逐渐扩展到普通人群。精神病态者在心理和行为上一般表现为冲动、寻求刺激、缺乏共情和缺乏责任感。[3]

虽然作为独立的人格特质，马基雅维利主义、自恋和精神病态具有各自特

---

[1] Christie R, Geis F L. Studies in Machiavellianism [M]. New York：Academic Press，1970.
[2] Paulhus D L, Williams K M. The Dark Triad of Personality：Narcissism, Machiavellianism, and Psychopathy [J]. Journal of Research in Personality，2002，36（6）：556-563.
[3] Liu C C. The Relationship between Machiavellianism and Knowledge Sharing Willingness [J]. Journal of Business and Psychology，2008，22（3）：233-240.

征和结构，似乎难以混为一谈，但是研究发现，这三种人格特质具有一些共性：低亲和性、表里不一、缺乏同情心、情感冷漠、不信任互惠原则和漠视社会交换准则等，这些共同特征都反映了人格的阴暗面（秦峰，许芳，2013）。因此，保卢斯和威廉斯（Paulhus and Williams，2002）认为可以将其作为与大五人格特质相互参照的人格特质群，并将其命名为"黑暗人格三合一"。

在知识管理和更宽泛的信息管理领域，研究者们已经开始使用黑暗人格三合一中某一特定人格特质来解释个体的一些知识或信息行为。例如，赫特、富勒和豪茨等（Hutter，Füller and Hautz et al.，2015）研究了在线创新竞赛情境中个体的知识贡献行为，发现由于马基雅维利主义者不信任他人，所以他们更不愿意贡献建设性的知识，从而避免使得自己在竞赛中处于不利的地位。有学者研究发现，马基雅维利主义能够降低员工的知识共享意愿。[1] 还有学者探究了自恋人格特质与自拍照的信息发布行为之间的关系，发现由于自恋者以自我为中心，自恋人格特质与个人自拍照的信息发布行为呈现正相关，而与群体自拍照的信息发布行为不相关。[2] 本章的研究将综合考虑黑暗人格三合一中的三种人格特质，并试图探究这三种人格特质对知识型团队成员知识隐藏的影响。

6.2.2　心理契约理论

心理契约理论（psychological contract theory）指出雇员在接受雇佣关系的时候，期望雇主能够满足雇员的期望，并履行相应的责任与义务，例如雇员可能期望雇主能够提供晋升机会和保障工作安全；同时，雇主也期望雇员能够满足雇主的期望，并履行相应的责任与义务，例如雇主可能期望雇员能够对组织忠诚和加班工作等，雇主和雇员之间形成了一种相互交换的关系。具体而言，鲁索（Rousseau，1989）从员工的视角，将心理契约界定为员工对雇佣关系中自己和组织之间双方应尽的责任和义务的一种信念。鲁宾逊、克拉茨和鲁索

---

[1] Liu C C. The Relationship between Machiavellianism and Knowledge Sharing Willingness [J]. Journal of Business and Psychology, 2008, 22 (3): 233-240.

[2] Kim J W, Chock T M. Personality Traits and Psychological Motivations Predicting Selfie Posting Behaviors on Social Networking Sites [J]. Telematics and Informatics, 2017, 34 (5): 560-571.

（Robinson，Kraatz and Rousseau，1994）进一步指出，这种信念是员工对外显和内在的雇员贡献（努力、付出和忠诚等）与组织诱因（报酬、晋升和工作保障）之间的交换关系的承诺、理解和感知。与书面化的正式雇佣契约不同，心理契约强调员工在心理上对双方责任、义务的感知与理解，属于内隐性的未书面化的契约。

一般而言，学者们认为，员工可以形成两种不同类型的心理契约，即交易型心理契约（transactional psychological contract）或关系型心理契约（relational psychological contract）（Raja，Johns and Ntalianis，2004；Zagenczyk，Restubog and Kiewitz et al.，2014；Lu，Capezio and Restubog et al.，2016）。魏峰和张文贤（2004）指出，交易型心理契约和关系型心理契约在关注点、时间框架、稳定性和职责明确程度上存在差异。交易型心理契约关注短期的、经济的外在需求的满足，雇员的职责界限较明确。交易型心理契约建立在"以礼还礼"的经济利益交换原则之上，员工对组织的社会情感卷入度较低。关系型心理契约关注长期的、社会情感的内在需求的满足，雇员的职责界限较模糊。关系型心理契约超越了经济利益交换关系，员工对组织的社会情感卷入度较高，例如强调忠诚、信任、工作安全感、员工的成长和发展（Rousseau，1989，2001）。学者们认为具有交易型心理契约的员工更多关注自身的工作职责，从而满足经济利益等外在需求，而具有关系型心理契约的员工常常超越自身的工作范围，从而满足社会情感等内在需求。[①] 此外，由于情感卷入度低和短期关系导向，具有交易型心理契约的员工常常不关心同事和组织的需求，相反，具有关系型心理契约的员工遵循长期导向，能够在社会情感上与同事和组织建立长期的依附关系。

由于心理契约具有高度的个人化、异质性和自我构建等特征，学者们指出人格特质对员工形成何种类型的心理契约具有重要影响（Rousseau，1989；Raja，Johns and Ntalianis，2004；Tallman and Bruning，2008）。拉贾、约翰斯

---

① Zagenczyk T J, Restubog S L D, Kiewitz C et al. Psychological Contracts as a Mediator between Machiavellianism and Employee Citizenship and Deviant Behaviors [J]. Journal of Management, 2014, 40 (4): 1098 – 1122. Lu V N, Capezio A, Restubog S L D et al. In Pursuit of Service Excellence: Investigating the Role of Psychological Contracts and Organizational Identification of Frontline Hotel Employees [J]. Tourism Management, 2016, 56: 8 – 19.

和恩塔利亚尼斯（Raja, Johns and Ntalianis, 2004）解释道，人格特质是导致人们在相同的工作环境中具有不同心理契约类型的重要原因。拉贾、约翰斯和恩塔利亚尼斯（2004）进一步总结道，人格特质主要从两个方面影响员工心理契约类型的形成：一是契约的选择（choice of contract）；二是契约的识解（construal of contract）。

第一，具有不同人格特质的个体具有不同的工作动机导向，从而导致个体在契约谈判的过程中选择不同的契约类型，即人格特质的工作动机成分会影响个体的契约选择（choice of contract）。当外在工作动机占主导时，个体倾向于选择交易型契约；当内在工作动机占主导时，个体倾向于选择关系型契约。例如，拉贾、约翰斯和恩塔利亚尼斯（2004）的研究发现，尽责型的个体具有很高的内在工作动机，更加关心组织任务目标的达成，而非外在的经济利益，因此具有尽责型人格特质的个体倾向于选择关系型心理契约。

第二，具有不同人格特质的个体具有不同的情感和社会关系导向，从而导致个体将其契约解读为交易型心理契约或关系型心理契约，即人格特质的情感和社会关系成分影响个体对契约的识解（construal of contract）。当情感冷漠和漠视社会关系的时候，个体倾向于将契约解读为交易型契约；当情感丰富和重视社会关系的时候，个体倾向于将契约解读为关系型契约。例如，拉贾、约翰斯和恩塔利亚尼斯（2004）的研究发现，具有情绪稳定型人格特质的个体在情感上表现为稳定、热心和支持他人，且重视与同事之间的长期社会关系，因此，具有情绪稳定型人格特质的个体倾向于将契约识解为关系型心理契约。

现有文献已经探究了正式书面化的契约类型（短期和长期）对员工知识行为的影响，然而，较少有文献探讨这种非书面化的心理契约类型对员工知识隐藏或知识共享行为的影响。例如，科里亚特和格尔巴德（Koriat and Gelbard, 2014）将员工的正式书面化的契约划分为长期聘用契约和短期聘用契约两种类型，研究了这两种正式书面化的契约类型对员工知识共享的影响，发现相对于短期聘用契约，具有长期聘用契约的员工具有更高的内在工作动机和组织认同感，从而能够更多地与同事分享知识。与科里亚特和格尔巴德（2014）的研究不同，本章的研究将探讨知识型团队成员感知的心理契约类型对知识隐藏的影响。

6.3 研究假设

6.3.1 黑暗人格三合一与知识隐藏

保卢斯和威廉斯（2002）指出具有黑暗人格三合一特质的个体在人际交往中表现出冷漠无情和自私自利。目前关于黑暗人格三合一的结果变量的研究，得到的较为一致的结论是黑暗人格三合一对员工的反生产行为具有显著的正向影响，对员工的组织公民行为具有显著的负向影响。博伊尔、福赛斯和班克斯等（O'Boyle，Forsyth and Banks et al.，2012）指出这主要是由于具有黑暗人格三合一特质的个体在人际交往中不信任互惠规范和无视社会交换准则。因此，本书推测认为在知识型团队中，当具有黑暗人格三合一特质（马基雅维利主义、自恋和精神病态）的团队成员在面临其他成员的知识请求时，很可能由于其不信任互惠规范和无视社会交换准则而拒绝提供知识帮助，倾向于隐藏知识。现有的一些实证研究也能在一定程度上佐证这一推断。例如，有学者发现马基雅维利主义对员工的知识共享意愿有显著的负向影响（Liu，2008）；赫特、富勒和豪茨等（2015）发现马基雅维利主义者更不愿意贡献建设性的知识；博伊尔等（2012）发现自恋对员工的反生产行为有显著的正向影响；史密斯、华莱士和乔丹（Smith，Wallace and Jordan，2016）发现精神病态对职场中的帮助行为具有显著的负向影响。基于上述论断，本章提出如下研究假设：

H6-1a：马基雅维利主义对知识隐藏有正向影响；

H6-1b：自恋对知识隐藏有正向影响；

H6-1c：精神病态对知识隐藏有正向影响。

6.3.2 交易型心理契约的中介作用

学者们早已认识到员工的人格特质会对职场行为产生重要影响。斯塔、贝尔和克劳森（Staw，Bell and Clausen，1986）的研究甚至发现员工的人格特质对工作态度和职场行为的影响贯穿于员工的整个职业生涯。虽然学术界对员工的人格特质与职场行为之间关系的研究由来已久，但是现有文献却没能很好地解释人格特质对员工职场行为的作用机制。李宁、巴里克和齐梅曼等（Li, Barrick and Zimmerman et al., 2014）在回顾了员工的人格特质与职场行为之间关系研究文献的基础上，总结到现有文献主要从工作动机（如目标设定）、情感（如工作满意度）和社会关系（如社会认同）三个角度来解释人格特质对员工行为的作用机制。然而，心理契约作为同时具有工作动机、情感和社会关系这三种成分的构念，却常常被研究者所忽视（Zagenczyk, Restubog and Kiewitz et al., 2014）。基于心理契约理论，本章研究认为在知识型团队中，具有黑暗人格三合一特质的团队成员将通过契约的选择（choice of contract）和契约的识解（construal of contract）两条路径，形成交易型心理契约，而具有交易型心理契约的团队成员在面临其他成员的知识请求时，倾向于隐藏知识。

首先，具有黑暗人格三合一特质的个体的工作动机是由外部驱动，而非内部驱动，关注经济利益和物质回报，因此很可能在契约谈判的时候选择经济导向的交易型契约。例如，扎根奇克、雷斯图博格和基维茨等（Zagenczyk, Restubogand Kiewitz et al., 2014）的研究发现马基雅维利主义者倾向于选择经济利益导向的交易型契约。索耶、罗文波尔和科佩尔曼（Soyer, Rovenpor and Kopelman, 1999）发现自恋者更愿意从事营销类职业，因为这类职业的契约合同中通常规定了高额的佣金。博伊尔、福赛斯和班克斯等（2012）指出精神病态者不关心社会认同或同事接纳等间接的非物质性回报，他们更关心直接的经济物质性回报，他们的工作动机是由外在的经济利益驱动。因此，由于具有黑暗人格三合一特质的个体的工作动机更多地由外在经济利益驱动，本书认为具有这些人格特质的个体在进入组织或知识型团队之前的契约选择或谈判的过程中倾向于选择交易型契约，而非关系型契约。

其次，具有黑暗人格三合一特质的个体在情感和社会关系方面表现为情感冷漠、不信任他人和不相信互惠规范等，因此很可能将契约解读为交易型契约，而非关系型契约。马基雅维利主义者对人性持怀疑态度，擅长利用和操纵他人来达成自己的目标，缺乏共情（Paulhus and Williams, 2002）；自恋者更加关心自身利益，而非团队利益，他们对社会关系的承诺较低

（Campbell and Foster，2002）；精神病态者情感冷漠，不关心自己的行为是否能够被社会认可或团队成员接纳，他们不信任社会关系中的互惠规范（O'Boyle，Forsyth and Banks et al.，2012）。同时，博伊尔、福赛斯和班克斯等（2012）发现，具有黑暗人格三合一特质的个体往往不会遵从雇佣关系中的社会交换准则。因此，黑暗人格三合一特质所具有的情感和社会关系特征表明，具有黑暗人格三合一特质的知识型团队成员很可能将雇佣关系解读为一种交易型契约。

依照心理契约理论，本书认为具有交易型心理契约的知识型团队成员在面临其他成员的知识请求时，很可能拒绝帮助，倾向于隐藏知识。交易型心理契约强调经济交换，忽视社会交换（Rousseau，1989，2001）。知识型团队内部成员之间的知识互助行为常常蕴含着社会交换，而非经济交换（Wang and Noe，2010）。例如，团队成员会在未来的某个时间对提供知识帮助的同事给予相应的知识回馈。因此，本书认为具有交易型心理契约的知识型团队成员由于并不重视社会交换，很可能对同事的知识请求置之不理。此外，具有交易型心理契约的团队成员常常更加关注自己的工作职责和业务范围，与其他团队成员之间的社会情感联系较弱（Lu，Capezio and Restubog et al.，2016）。一般来说，解决同事的工作难题常常超出了员工的本职工作范围，因此具有交易型心理契约的知识型团队成员在面临同事的知识请求时，很可能拒绝提供帮助，隐藏知识，从而将有限的时间和精力投入到自身的工作之中。相关的实证研究也能够佐证这一推断。例如，有学者研究发现交易型心理契约与组织公民行为（人际指向和组织指向）呈现负相关（Lu，Capezio and Restubog et al.，2016）。同时，扎根奇克、雷斯图博格和基维茨等（2014）发现交易型心理契约与员工的反生产行为呈现正相关。何明芮和李永健（2011），卢福财和陈小锋（2012）均证实了交易型心理契约与员工的知识共享意愿呈现负相关。

进一步，具有交易型心理契约的知识型团队成员贡献知识和付出努力的目的在于获取经济回报。鲁索（Rousseau，2004）指出这些员工常常将自己视为独立的知识贡献者，不愿意与他人合作。还有学者指出具有交易型心理契约的员工将私有知识视为换取经济利益的重要筹码，他们对"知识就是权力"坚信不疑（O'Neill and Adya，2007）。因此，当具有交易型心理契约的知识型团队成员在面临同事的知识请求时，很可能为了避免自身知识权力损失，而选择对同事隐藏重要知识（Kankanhalli, Tan and Wei, 2005；O'Neill and Adya, 2007）。此外，保持对有价值知识的独占性，也能够为具有交易型心理契约的团队成员在下一阶段的契约谈判中提供议价权力（bargaining power），获取经济利益（Evans, Hendron and Oldroyd, 2014）。由此，基于上述论断，本章提出如下研究假设：

H6-2a：交易型心理契约在马基雅维利主义与知识隐藏的关系中起到中介作用；

H6-2b：交易型心理契约在自恋与知识隐藏的关系中起到中介作用；

H6-2c：交易型心理契约在精神病态与知识隐藏的关系中起到中介作用。

6.3.3　性别的调节作用

社会角色理论指出，不同性别的社会角色能够影响男性和女性在工作场所的感知和期望。男性和女性的社会角色能够被构建在两个连续的极端框架之中，男性表现出更高的个人型特征（如竞争性、统治力、决断和经济独立等），女性表现出更高的公共型特征（如友善、母性、慈爱等）（Eagly, Wood and Diekman, 2000）。伍德和伊格利（Wood and Eagly, 2002）指出，男性的个人型特征源于长期以来对基本经济资源的追求，例如男性自古以来都从事着农业生产和打猎等活动；女性的公共型特征源于长期以来对情感和社会关系资源的追求，例如女性长期以来都从事着生育和照料子女等活动。

黑暗人格三合一强调个人型特征，而非公共型特征。例如，马基雅维利主义者擅长运用操纵计谋来获取成功和统治力；自恋者自视甚高，喜欢支配别人来体现自己的优越感；精神病态者以自我为中心，缺乏共情，不关心他人，只关心自身经济利益。现有的一些研究也表明男性在黑暗人格三合一特质上的得分要高于女性（Paulhus and Williams, 2002；Furnham and Trickey, 2011；Grijalva, Newman and Tay et al., 2015；Jonason and Webster, 2010）。一些学者直言到黑暗人格三合一特质可以被视为一种短期导向、个人型和利用型社会策略（Jonason, Li and Teicher, 2010）。由于男性的个人型社会角色期望更加追求经济资源，这将进一步激发黑暗人格三合一特质的外在工作动机成分，从而促使其选择交易型契约，所以黑暗人格三合一对交易型心理契约的影响在男性中很可能更强；相反，由于女性的公共型社会角色期望更加追求情感和社会关系资源，这将弱化黑暗人格三合一特质的情感和社会关系成分，从而降低其将契约解读为交易型的可能性，所以黑暗人格三合一对交易型心理契约的影响在女性中很可能较弱。由此，基于上述论断，本章提出如下研究假设：

H6-3a：性别在马基雅维利主义与交易型心理契约的关系中起到调节作用，表现为上述正向关系在男性中更强，在女性中较弱；

H6-3b：性别在自恋与交易型心理契约的关系中起到调节作用，表现为上述正向关系在男性中更强，在女性中较弱；

H6-3c：性别在精神病态与交易型心理契约的关系中起到调节作用，表现为上述正向关系在男性中更强，在女性中较弱。

至此，本章提出了交易型心理契约在黑暗人格三合一和知识型团队成员知识隐藏关系之间的中介作用，以及性别在黑暗人格三合一和交易型心理契约关系中的调节作用。上文的论述认为黑暗人格三合一之所以会对知识型团队成员知识隐藏产生影响，是因为具有黑暗人格三合一特质的团队成员会形成交易型心理契约。相对于女性而言，男性的个人型社会角色具有更高的外在工作动机，较低的情感卷入度，所以黑暗人格三合一对交易型心理契约的影响在男性中更强。因此，根据上述中介作用和调节作用假设逻辑，本章进一步推演出一个第一阶段被调节的中介作用（first-stage moderated mediation）假设，即黑暗人格三合一通过交易型心理契约对知识型团队成员知识隐藏的间接影响在男性中更强。由此，本章提出如下研究假设：

H6-4a：性别调节马基雅维利主义通过交易型心理契约对知识隐藏的间接作用，表现为上述间接作用在男性中更强，在女性中较弱；

H6-4b：性别调节自恋通过交易型心理契约对知识隐藏的间接作用，表现为上述间接作用在男性中更强，在女性中较弱；

H6-4c：性别调节精神病态通过交易型心理契约对知识隐藏的间接作用，表现为上述间接作用在男性中更强，在女性中较弱。

6.4 研究设计

6.4.1 变量测量

为了提升研究的信度与效度，本章研究的变量测量均沿用相关成熟的量表，并根据具体研究情境进行适当修正。英文量表采用中英文互译法将其翻译成中文量表。变量的测量均采用 5 级 Likert 量表，要求参与者选择对每一题项内容的同意程度，"1"至"5"分别表示"完全不同意"到"完全同意"。相应变量的测量题项见附录。

黑暗人格三合一的测量采用乔纳森和韦伯斯特（Jonason and Webster, 2010）开发的"黑暗十二条"量表（The Dirty Dozen）。耿耀国等（2015）验证了"黑暗十二条"在中国情境下的适用性。该量表共 12 个题项，其中马基雅维利主义、自恋和精神病态分别由 4 个测量题项进行测量。马基雅维利主义的测量例项如"我倾向于利用别人以达到自己的目的"；自恋的测量例项如"我希望别人来关注我"；精神病态的测量例项如"我可能比较愤世嫉俗"。

交易型心理契约的测量改编自拉贾、约翰斯和恩塔利亚尼斯（2004）的量表，共 7 个题项。扎根奇克、雷斯图博格和基维茨等（2014）的研究中采用同事报告的方法来测量交易型心理契约，并验证了同事报告的交易型心理契约具有良好的信度和效度。为了避免共同方法偏差问题，本章研究也借鉴扎根奇克、雷斯图博格和基维茨等（2014）的做法，采用同事报告的方法来测量交易型心理契约。交易型心理契约的测量例项如"他（她）对工作的忠诚度是由劳动合同决定的"。

知识隐藏（KH）的测量沿用康奈利、茨威格和韦伯斯特等（2012）开发的知识隐藏量表，共 12 个题项。题目设置同样参考康奈利、茨威格和韦伯斯特等（2012）和瑟尼、纳斯塔德和戴斯维克等（2014）所采用的关键事件法："假设团队中某位同事向您寻求某方面重要的知识，您拒绝了他（她）的请求，您可能会多大程度上采取下列做法"。测量例项如"假装我听不懂对方问的问题是什么"。

6.4.2 样本来源和数据收集

本章的研究采用调查问卷的方式进行数据收集。本章的样本来源为汽车行业中某大型企业的 15 个市场营销团队。市场营销团队主要从事市场调研、营销政策制定、展销方案策划、产品定价和营销等工作，属于典型的知识型团队。此次调研之所以选择市场营销类知识型团队进行数据收集，主要是由于以往的研究显示市场营销类员工在黑暗人格三合一上面的得分相对较高（Soyer, Rovenpor and Kopelman, 1999）。此外，也有学者也指出市场营销类知识型团队成员之间的知识交流对于学习产品知识、搜集市场信息、分析竞争对手策略、展销方案制定、合理定价和提高团队营销绩效等都具有重要的作用（Ko and Dennis, 2011）。

本次数据搜集采用员工自我报告和同事报告两种方式相结合的方法，从而避免共同方法偏差问题。具体而言，第一张问卷要求参与者自我报告，回答个人基本信息，并对黑暗人格三合一和知识隐藏的测量题目进行作答；第二张问卷要求参与者转交给自己最熟悉的同事报告，要求同事对参与者的交易型心理契约的测量题目进行作答。以往的学者同样采用这种同事报告的方式来测量员工的交易型心理契约（Zagenczyk, Restubog and Kiewitz et al., 2014）。参与者自我报告的问卷和同事报告的问卷具有一个相同的代码编号，从而保证能够对"员工报告"和"同事报告"的数据进行匹配。最终，共计发放问卷 285 份，收回问卷 262 份，剔除掉填写不完整和存在明显质量问题（如所有题项的答案一致，或存在明显的规律性答案）的问卷 11 份，收回有效的匹配问卷共计 251 份，有效问卷回收率为 88%。

样本的描述性统计分析结果见表 6-1。从性别来看，男性占比为 51.4%，女性占比为 48.6%；从年龄来看，25 岁及以下占比为 8.0%，26~30 岁占比为 20.3%，31~40 岁占比为 47.0%，41~50 岁占比为 17.1%，51 岁及以上占比为 7.6%；从教育水平来看，专科及以下占比为 11.2%，本科占比为 73.3%，硕士及以上占比为 15.5%；从团队任期来看，1 年以下占比为 12.7%，1~3 年占比 38.3%，3~5 年占比为 31.1%，5 年以上占比为 17.9%。

表 6–1　　　　　　　　　　　　样本的描述性统计

指标	分类	频数	占比（%）	指标	分类	频数	占比（%）
性别	男	129	51.4	教育水平	专科及以下	28	11.2
	女	122	48.6		本科	184	73.3
年龄	25岁及以下	20	8.0		硕士及以上	39	15.5
	26~30岁	51	20.3	团队任期	1年以下	32	12.7
	31~40岁	118	47.0		1~3年	96	38.3
	41~50岁	43	17.1		3~5年	78	31.1
	51岁及以上	19	7.6		5年以上	45	17.9

资料来源：笔者根据样本资料整理。

6.5 数据分析

由于本章研究的数据为员工自我报告和同事报告两个来源的数据进行匹配，能够有效地避免共同方法偏差问题，所以无须对数据进行共同方法偏差检验。其次，本章研究模型中所有变量均是员工个体层次的变量，所以也无须进行团队层次变量数据聚合分析。因此，本章的数据分析仅对变量的信度和效度进行分析。

知识隐藏是由3个维度（装傻隐藏、含糊隐藏和辩解隐藏）构成，所以采用运用AMOS 21软件进行二阶验证性因子分析（second-order confirmatory factor analysis）来对量表的信度和效度进行检验。

量表的信度采用Cronbach's α值和组合信度（Composite Reliability，下文用CR表示）进行检验。本章研究所有量表的Cronbach's α和CR值见表6–2。从表6–2中可以看到，所有量表的Cronbach's α和CR值均大于临界值0.70，表明量表具有良好的信度。

量表的效度需要从聚合效度和区别效度两个方面进行分析。聚合效度检验采用题项的标准化因子载荷和AVE（Average Variance Extracted）进行检验。根据海尔、安德森和泰瑟姆等（1992）的建议，验证性因子分析结果中所有题项的标准化因子载荷需要大于0.50，AVE值也需要大于0.50。从表6–2中可以看到，标准化因子载荷和 AVE 值均满足上述标准，表明量表具有良好的聚合效度。量表的区别效度通过比较 AVE 的平方根和该变量与其他所有变量的相关系数（Fornell and Larcker，1981），通过后文的表 6-3 可以看到，所有 AVE 的平方根均大于该变量与其他变量的相关系数，表明量表具有良好区别效度。

表 6-2　　　　　　　　　　　量表的信度和效度检验

因子	题项	因子载荷	AVE	Cronbach's α	CR
马基雅维利主义	MACH1	0.842	0.789	0.938	0.937
	MACH2	0.936			
	MACH3	0.890			
	MACH4	0.882			
自恋	NARCI1	0.698	0.567	0.841	0.839
	NARCI2	0.694			
	NARCI3	0.779			
	NARCI4	0.833			
精神病态	PSYCH1	0.844	0.691	0.889	0.897
	PSYCH2	0.923			
	PSYCH3	0.926			
	PSYCH4	0.584			
交易型心理契约	TPC1	0.821	0.501	0.871	0.874
	TPC2	0.777			
	TPC3	0.739			
	TPC4	0.657			
	TPC5	0.703			
	TPC6	0.538			
	TPC7	0.683			
装傻隐藏（一阶因子）	PD1	0.871	0.673	0.883	0.889
	PD2	0.880			
	PD3	0.892			
	PD4	0.601			

续表

因子	题项	因子载荷	AVE	Cronbach's α	CR
含糊隐藏 （一阶因子）	EH1	0.893	0.828	0.950	0.951
	EH2	0.913			
	EH3	0.916			
	EH4	0.918			
辩解隐藏 （一阶因子）	RH1	0.680	0.722	0.905	0.910
	RH2	0.884			
	RH3	0.891			
	RH4	0.912			
知识隐藏 （二阶因子）	装傻隐藏	0.821	0.518	0.746	0.757
	含糊隐藏	0.783			
	辩解隐藏	0.517			

资料来源：AMOS 软件统计输出。

6.6 假设检验

在进行假设检验之前，首先对主要变量的均值、标准差和相关系数进行分析，具体结果见表 6 – 3。从表 6 – 3 可以看到，马基雅维利主义（$r = 0.364$，$p < 0.001$）、自恋（$r = 0.311$，$p < 0.001$）和精神病态（$r = 0.370$，$p < 0.001$）都与知识隐藏正相关；马基雅维利主义（$r = 0.396$，$p < 0.001$）、自恋（$r = 0.287$，$p < 0.001$）和精神病态（$r = 0.368$，$p < 0.001$）都与交易型心理契约正相关；交易型心理契约与知识隐藏（$r = 0.510$，$p < 0.001$）呈现正相关。

表 6 – 3　　　　　　变量的均值、标准差和相关系数

变量	均值	标准差	1	2	3	4	5	6
性别	0.510	0.501	—					
马基雅维利主义	2.167	1.035	0.115	**0.888**				
自恋	3.209	0.709	0.057	0.299 ***	**0.753**			

续表

变量	均值	标准差	1	2	3	4	5	6
精神病态	2.252	0.964	0.045	0.600***	0.294***	**0.831**		
交易型心理契约	3.085	0.674	-0.033	0.396***	0.287***	0.368***	**0.708**	
知识隐藏	2.594	0.730	0.089	0.364***	0.311***	0.370***	0.510***	**0.720**

注：N=251；* 表示 p<0.05，** 表示 p<0.01，*** 表示 p<0.001；双尾检验；对角线上的数值为相应变量 AVE 的平方根。

资料来源：SPSS 软件统计输出。

6.6.1 直接效应检验

本章采用结构方程模型检验黑暗人格三合一（马基雅维利主义、自恋和精神病态）对知识隐藏的直接效应研究假设。与现有的理论和研究一致，在结构方程模型中允许马基雅维利主义、自恋、精神病态和性别之间共变（covary），最终，Amos21 软件计算得到的标准化路径系数结果如图 6-2 所示。马基雅维利主义对知识隐藏有显著的正向影响（β=0.178，p<0.05）；自恋对知识隐藏有显著的正向影响（β=0.195，p<0.001）；精神病态对知识隐藏有显著的正向影响（β=0.204，p<0.01）。因此，假设 H6-1a、假设 H6-1b 和假设 H6-1c 得到了支持。

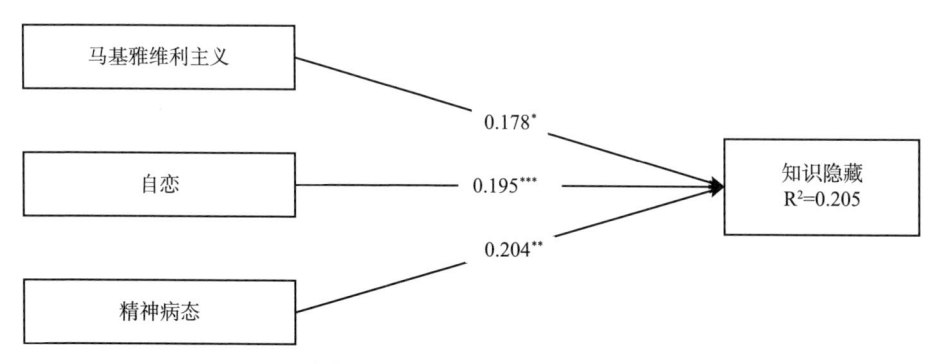

图 6-2 黑暗人格三合一对知识隐藏的直接效应检验结果

注：N=251；* 表示 p<0.05，** 表示 p<0.01，*** 表示 p<0001；控制变量：性别。
资料来源：AMOS 软件统计输出。

6.6.2 中介效应检验

本章采用基于 Bootstrapping 的结构方程模型来对交易型心理契约的中介效应研究假设进行检验。同样，允许马基雅维利主义、自恋、精神病态和性别之间共变（co-vary），数据分析采用了 10000 步的重复抽样法来检验交易型心理契约的中介效应。运用 AMOS 21 软件执行相关操作，得到结构模型的标准化路径系数结果如图 6-3 所示。

从图 6-3 中可以看到，马基雅维利主义对交易型心理契约有显著的正向影响（$\beta = 0.241$，$p < 0.001$）；自恋对交易型心理契约有显著的正向影响（$\beta = 0.163$，$p < 0.01$）；精神病态对交易型心理契约有显著的正向影响（$\beta = 0.176$，$p < 0.05$）。因此，数据分析的结果显示具有黑暗人格三合一特质的知识型团队成员倾向于形成交易型心理契约。交易型心理契约对知识隐藏有显著的正向影响（$\beta = 0.394$，$p < 0.001$）。

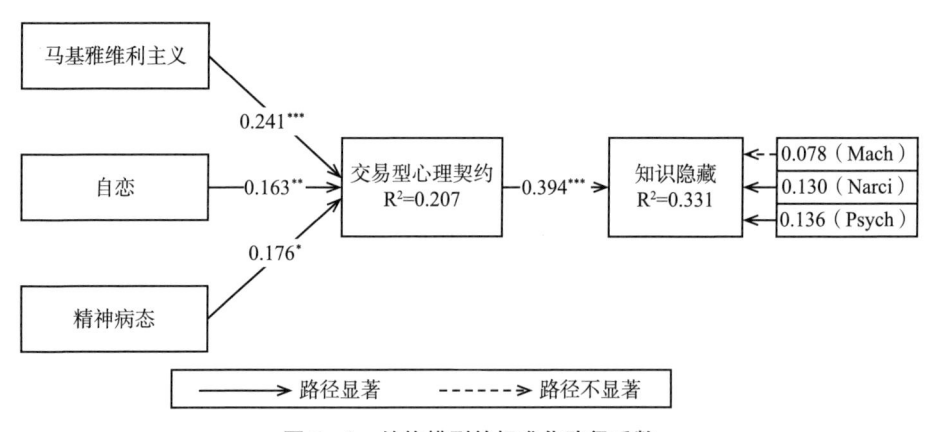

图 6-3 结构模型的标准化路径系数

注：$N = 251$；* 表示 $p < 0.05$，** 表示 $p < 0.01$，*** 表示 $p < 0001$；控制变量：性别。
资料来源：AMOS 软件统计输出。

表 6-4 展现了基于 Bootstrapping 结构方程模型的中介效应研究假设检验结果。从表 6-4 可以看到，黑暗人格三合一（马基雅维利主义、自恋和精神病态）通过交易型心理契约对知识隐藏均有显著的正向的间接作用（所有中

介效应的显著性 p<0.05），且所有中介效应的 95% 的置信区间不包含零。因此，假设 H6-2a，假设 H6-2b 和假设 H6-2c 得到了支持。

表6-4　中介效应检验结果

中介路径	中介效应	P值	95%置信区间下限	95%置信区间上限
MACH-TPC-KH	0.095	0.012	0.021	0.171
NARCI-TPC-KH	0.064	0.043	0.002	0.127
PSYCH-TPC-KH	0.069	0.033	0.005	0.139

注：N=251；报告的均为标准化系数；Bootstrapping sample size =10000. MACH=马基雅维利主义，NARCI=自恋，PSYCH=精神病态，TPC=交易型心理契约，KH=知识隐藏。
资料来源：AMOS软件统计输出。

6.6.3 调节效应检验

1. 简单的调节效应检验

本章运用基于多群组分析（multi-group analysis）的结构方程模型来检验性别在黑暗人格三合一与交易型心理契约关系中的调节作用。为了检验性别的调节效应研究假设，即比较男性组和女性组的路径系数在统计学上的差异性是否显著，每次只限定一条路径在男性组和女性组上的系数估计相等，将该模型命名为约束模型（constraint model），然后比较该约束模型与自由估计模型（freely estimated model）之间的卡方值。如果该约束模型和自由估计模型的卡方值差异性检验显著，则表明上述被限定的路径系数（即被约束的路径）在男性组与女性组之间存在显著的统计学意义上的差异性。基于多群组分析的结构方程模型检验结果如表6-5所示。

表6-5　基于多群组分析的调节效应检验结果

路径	标准化路径系数		卡方差异性检验（$\Delta\chi^2$）
	男性（$N_1=129$）	女性（$N_2=122$）	
MACH-TPC	0.188*	0.365**	0.971
NARCI-TPC	0.269***	-0.026	4.247*

续表

路径	标准化路径系数		卡方差异性检验（$\Delta\chi^2$）
	男性（$N_1=129$）	女性（$N_2=122$）	
PSYCH – TPC	0.284**	0.013	6.674**

注：* 表示 $p<0.05$，** 表示 $p<0.01$，*** 表示 $p<0.001$；MACH = 马基雅维利主义，NARCI = 自恋，PSYCH = 精神病态，TPC = 交易型心理契约。

资料来源：AMOS 软件统计输出。

从表 6–5 可以看到，马基雅维利主义到交易型心理契约的标准化路径系数在男性组中为 $\beta=0.188（p<0.05）$，在女性组中为 $\beta=0.365（p<0.01）$。卡方差异性检验不显著（$\Delta\chi^2=0.971^{ns}$），表明该路径系数在男性组和女性组中没有显著性差异，即性别对马基雅维利主义与交易型心理契约之间关系的调节作用不显著。因此，假设 H6–3a 没有得到支持。自恋到交易型心理契约的标准化路径系数在男性组中为 $\beta=0.269（p<0.001）$，而在女性组中为 $\beta=-0.026（ns）$。卡方差异性检验显著（$\Delta\chi^2=4.247^*$），表明该路径系数在男性组和女性组中具有显著性差异，即性别对自恋与交易型心理契约之间的关系具有调节作用，上述关系在男性中更强，在女性中较弱。因此，假设 H6–3b 得到了支持。精神病态到交易型心理契约的标准化路径系数在男性组中为 $\beta=0.284（p<0.01）$，而在女性组中为 $\beta=0.013（ns）$。卡方差异性检验显著（$\Delta\chi^2=6.674^{**}$），表明该路径系数在男性组和女性组中具有显著性差异，即性别对精神病态与交易型心理契约之间的关系具有调节作用，上述关系在男性中更强，在女性中较弱。因此，假设 H6–3c 得到了支持。

笔者还分别比较了模型中其他路径系数（黑暗人格三合一到知识隐藏三个维度的路径系数，交易型心理契约到知识隐藏三个维度的路径系数）在男性组和女性组中是否在统计学意义上存在显著性差异，结果显示其他所有路径系数在男性组和女性组中不存在显著性差异。这再次验证了本章所提出的研究模型，即性别只在中介作用的第一阶段起到调节作用，表现为第一阶段被调节的中介模型。

2. 第一阶段被调节的中介效应检验

遵照刘东、张震和王默（2012）的建议，笔者运用 Mplus 7 软件编写相关代码对第一阶段被调节的中介效应进行检验。该方法能够计算出在男性组和女性组中,黑暗人格三合一通过交易型心理契约对知识隐藏的间接作用,以及这种间接作用在男性组和女性组之间的差异在统计学意义上是否显著。该检验程序与爱德华兹和兰伯特(Edwards and Lambert,2007)所提出的检验方法在理论逻辑上和检验程序上具有内在一致性。表6-6呈现了第一阶段被调节的中介效应检验结果。

表6-6　　　　　　　　第一阶段被调节的中介效应检验结果

间接路径	男性	女性	diff
MACH - TPC - KH	0.054 +	0.093 *	-0.038
NARCI - TPC - KH	0.113 **	-0.010	0.122 *
PSCHY - TPC - KH	0.088 **	0.004	0.084 +

注:Bootstrapping sample size = 10000; + 表示 $p < 0.1$,* 表示 $p < 0.05$,** 表示 $p < 0.01$,*** 表示 $p < 0.001$;MACH = 马基雅维利主义,NARCI = 自恋,PSYCH = 精神病态,TPC = 交易型心理契约;KH = 知识隐藏;diff = 间接路径在男性组与女性组之间的差异性检验。

资料来源:Mplus 软件统计输出。

从表6-6中可以看到,马基雅维利主义通过交易型心理契约对知识隐藏的间接作用在男性组和女性组中没有显著的统计学差异($\beta_{men} = 0.054$,$p < 0.1$;$\beta_{women} = 0.093$,$p < 0.05$;diff = -0.038,$p > 0.1$)。因此,假设H6-4a没有得到支持。自恋通过交易型心理契约对知识隐藏的间接作用在男性组和女性组中具有显著的统计学差异($\beta_{men} = 0.113$,$p < 0.01$;$\beta_{women} = -0.010$,$p > 0.1$;diff = 0.122,$p < 0.05$)。因此,假设H6-4b得到支持,即性别调节自恋通过交易型心理契约对知识隐藏的间接作用,且上述间接作用在男性中更强,在女性中较弱。同样,精神病态通过交易型心理契约对知识隐藏的间接作用在男性组和女性组中具有显著的统计学差异($\beta_{men} = 0.088$,$p < 0.01$;$\beta_{women} = 0.004$,$p > 0.1$;diff = 0.084,$p < 0.1$)。因此,假设H6-4c得到支持,即性别调节精神病态通过交易型心理契约对知识隐藏的间接作用,且上述间接作用在男性中更强,在女性中较弱。

6.6.4 事后分析结果

黑暗人格三合一在心理和行为上表现的一些共性特征使得具有黑暗人格三合一的知识型团队成员更多地隐藏知识。然而，由于马基雅维利主义、自恋和精神病态各自又具有一些显著区别于其他两种黑暗人格特质的特征，因此有必要进一步分析具有马基雅维利主义、自恋或精神病态特质的知识型团队成员更加倾向于采取何种知识隐藏策略。因为本章在理论假设部分并没有直接对黑暗人格三合一和知识隐藏三个维度之间的关系进行预测，所以本章对这一问题进行了事后分析。事后分析的结果如图6-4所示。

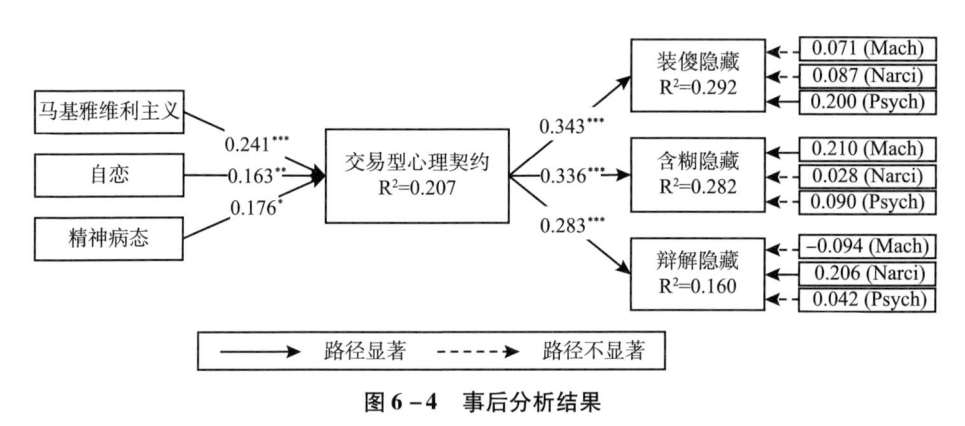

图6-4 事后分析结果

注：$N = 251$；* 表示 $p < 0.05$，** 表示 $p < 0.01$，*** 表示 $p < 0.001$；控制变量：性别。
资料来源：AMOS 软件统计输出。

从图6-4中可以看到，在控制了交易型心理契约和性别的影响之后，马基雅维利主义只对含糊隐藏有显著的直接作用（$\beta = 0.210$，$p < 0.01$）；自恋只对辩解隐藏有显著的直接作用（$\beta = 0.206$，$p < 0.001$）；精神病态只对装傻隐藏有显著的直接作用（$\beta = 0.200$，$p < 0.01$）。因此，通过事后分析发现具有马基雅维利主义人格特质的知识型团队成员更倾向于采取含糊隐藏策略；具有自恋人格特质的知识型团队成员更倾向于采取辩解隐藏策略；具有精神病态人格特质的知识型团队成员更倾向于采取装傻隐藏策略。

6.7 讨论与启示

6.7.1 实证结果讨论

本章基于心理契约理论，探讨了人理因素主范畴中知识拥有者的人格特质——黑暗人格三合一对知识型团队成员知识隐藏的影响及其作用机制，通过问卷获取研究数据，对提出的研究假设进行了实证检验。下面将对实证结果进行讨论。

（1）黑暗人格三合一（马基雅维利主义、自恋和精神病态）对知识型团队成员的知识隐藏有显著的正向影响。这一实证研究结果与现有关于黑暗人格三合一与员工反生产行为和不道德行为的研究结果相一致。哈里森、萨默斯和门内克（Harrison, Summers and Mennecke, 2016）研究发现，黑暗人格三合一对职场不道德行为有显著的正向影响；博伊尔、福赛斯和班克斯等（2012）通过元分析发现黑暗人格三合一对反生产行为（人际指向和组织指向）有显著的正向影响。此外，赫特、富勒和豪茨等（2015）探讨了马基雅维利主义对个体在线创新竞赛中知识贡献行为的影响，发现由于马基雅维利主义者不信任他人，更不愿意贡献建设性的知识，从而避免使得自己在竞赛中处于不利的地位。由于具有黑暗人格三合一特质的个体在心理和行为上表现为低亲和性、表里不一、缺乏同情心、冷漠无情、不信任互惠规范和无视社会交换准则（O'Boyle, Forsyth and Banks et al., 2012; Furnham, Richards and Paulhus, 2013），因此，当具有上述三种黑暗人格特质的知识型团队成员在面临其他成员的知识请求时，很可能拒绝提供知识帮助，隐藏知识。

（2）具有不同黑暗人格特质的知识型团队成员倾向于采取不同的知识隐藏策略：马基雅维利主义者更加倾向于采取含糊隐藏策略；自恋者更加倾向于采取辩解隐藏策略；精神病态者更加倾向于采取装傻隐藏策略。虽然黑暗人格三合一的共性特征（如低亲和性、表里不一、冷漠无情、不信任互惠规范等）使得这三种人格特质均对知识型团队成员的知识隐藏有显著正向影响，但是作为独立的人格特质，三者又各自具有一些差异性，这些差异性使得马基雅维利主义者、自恋者和精神病态者在隐藏知识的时候倾向于采取不同的策略。

马基雅维利主义者的一个最显著的特征是擅长操纵和利用他人（Christie and Geis，1970），含糊隐藏策略将有助于马基雅维利主义者在短期内操纵和利用知识寻求者，从而有利于马基雅维利主义者谋取自身的利益。例如，在知识型团队中，当具有马基雅维利主义人格特质的团队成员在面临其他成员的知识请求时，可能通过披露一些边缘性知识或提供误导性承诺（承诺未来的某个时间会告知相关知识，但实际上不会主动告知），使得知识请求者会在短期内对披露知识和提供帮助抱有一定的期望和幻想，从而最终有利于马基雅维利主义者在短期内操纵和利用知识寻求者。

自恋者的一个最显著的特征是自我炫耀和自我吹嘘（Grijalva and Harm，2014），辩解隐藏将有助于自恋者炫耀自身的能力和地位。例如，在知识型团队中，当具有自恋人格特质的团队成员在面临其他成员的知识请求时，可能通过告诉对方"上级领导或其他人不让披露该知识"，以此来显示自己在团队中的知识或信息权限高于知识请求者，彰显自身的地位。

精神病态者的一个最显著的特征是行事冲动（O'Boyle，Forsyth and Banks et al.，2012），因此，精神病态者很可能直截了当的通过装傻隐藏来拒绝知识寻求者，而非采用含糊隐藏或辩解隐藏等经过一定程度思考的策略。例如，在知识型团队中，当具有精神病态人格特质的团队成员在面临其他成员的知识请求时，很可能直截了当地告诉对方"我不了解该知识"。

（3）交易型心理契约在黑暗人格三合一与知识型团队成员的知识隐藏的关系之间起到中介作用。马基雅维利主义者、自恋者和精神病态者的工作动机是外部经济利益驱动、情感冷漠、不信任互惠原则和社会交换准则，因此，他们倾向于选择交易型契约，并将雇佣关系解读为一种基于经济交换的契约关系，从而形成交易型心理契约。具有交易型心理契约的团队成员往往关心自身利益，看重知识权力，与其他成员之间的社会情感联系较弱，在面临其他成员的知识请求时，很可能隐藏知识，从而将有限的时间用在自己的工作上。

（4）性别调节自恋、精神病态与交易型心理契约之间的关系，表现为上述正向关系在男性中更强，在女性中较弱。这一实证研究结果与托尔曼和布鲁宁（Tallman and Bruning，2008）的研究发现具有一致性。托尔曼和布鲁宁（2008）同样探讨了性别对人格特质与心理契约关系的调节效应，他们发现大五人格特质对男性的心理契约具有重要的影响,而对女性心理契约的影响有限。托尔曼和布鲁宁(2008)的研究聚焦于心理契约中具体责任和义务,例如个体对组织或团队的承诺,组织或团队为个体提供支持和发展机会。然而,本章的研究则聚焦于更加一般化的心理契约类型,即交易型心理契约。因此,从这一点来说,本章的这一研究结论更具一般性。

(5)性别调节自恋、精神病态通过交易型心理契约对知识隐藏的间接作用,表现为上述间接作用在男性中更强,在女性中较弱。现有研究显示男性的个人型社会角色更加符合黑暗人格三合一的特征,然而很少有研究探讨性别是否在黑暗人格三合一与员工行为的关系之间起到调节作用。本章的实证结果显示,性别并不会对黑暗人格三合一与知识隐藏的直接关系起到调节作用,而是调节自恋、精神病态通过交易型心理契约对知识隐藏的间接作用。这一研究发现在一定程度上解释了为什么很少有研究探讨性别在黑暗人格三合一与员工行为直接关系中的调节作用,未来的研究可以通过引入一些中介变量,探讨性别是否能够调节黑暗人格三合一通过中介变量对员工行为的间接作用。

在知识管理领域的研究文献中,性别的调节作用在知识共享的研究中得到了较多的验证。例如,一些学者探讨了性别在社会资本变量与知识共享关系中的调节作用,研究发现,由于女性表现出更多的公共型社会角色特征,所以信任、互惠和社会关系资本对知识共享的正向作用在女性中更强,在男性中较弱(Chai, Das and Rao, 2011)。还有学者研究发现,由于男性表现出更多的个人型特征,女性表现出更多的公共型特征,所以知识唯一性和知识拥挤性通过积极情感对知识共享的间接作用在男性中更强,而社会交互性通过积极情感对知识共享的间接作用则在女性中更强(Wang, Zhou and Jin et al., 2017)。虽然,本章的研究结果显示,性别对知识型团队成员的知识隐藏没有直接作用,但是发现了性别能够调节自恋、精神病态通过交易型心理契约对知识隐藏的间接作用。因此,本章的这一研究结论将性别的调节作用拓展到了知识隐藏研究领域。

最后,需要说明的是,本章研究发现性别对交易型心理契约或知识隐藏没有直接作用,而是扮演着调节作用的角色。虽然实证结果显示,性别调节自恋—交易型心理契约、精神病态—交易型心理契约之间的关系,并且调节自恋和精神病态通过交易型心理契约对知识隐藏的间接作用，但是这种调节作用很可能在强调成员之间竞争的知识型团队中更强，在强调成员之间合作的知识型团队中较弱。竞争性的工作环境能够进一步激活男性的个人型社会角色特征，从而强化自恋—交易型心理契约、精神病态—交易型心理契约之间的作用关系，以及对知识隐藏的间接作用。因此，未来的研究还需要进一步检验上述调节作用是否受到团队竞争氛围的影响。此外，需要指明的是性别的调节作用只是基于大样本数据得到的一般性结论，并不表明上述调节作用适用于每一个男性或每一个女性。因此，不能将性别的调节作用解读为性别刻板印象。

6.7.2　理论贡献

（1）本章研究拓展了知识隐藏在人格特质方面的前因变量。现有研究主要探讨了大五人格特质对知识隐藏的影响，鲜有研究探讨黑暗人格特质对知识隐藏的影响。心理学和组织行为学的研究文献表明：相对于传统大五人格特质来说，黑暗人格三合一在预测员工负面行为方面具有更好的预测效度（Grijalva and Newman, 2015; Harms and Spain, 2015; O'Boyle, Forsyth and Banks et al., 2012）。本章的研究首次探讨了黑暗人格三合一对知识型团队成员知识隐藏的影响，发现黑暗人格三合一对知识隐藏有显著的正向影响，且马基雅维利主义者、自恋者和精神病态者倾向于选择不同的知识隐藏策略。因此，本章的研究有助于进一步理解知识隐藏的人格特质基础。

（2）本章研究基于心理契约理论，揭示了黑暗人格三合一对知识型团队成员知识隐藏的作用机制。现有研究分别从工作动机、情感和社会关系三个方面，探讨了人格特质对员工知识行为（如知识共享和知识隐藏）的作用机制，然而作为同时具有上述三种成分的心理契约却较少被用于解释上述机制。例如，拉杰普特和塔兰（Rajput and Talan, 2017）聚焦于人格特质的工作动机成分，检验了内部动机和外部动机在大五人格特质与知识共享关系中的中介作用；马茨勒、伦茨尔和穆拉迪安等（Matzler, Renzl and Mooradian et al., 2011）强调人格特质的情感成分，发现员工的情感承诺在亲和型人格特质与知识共享的关系中起到中介作用；有学者则关注人格特质的社会关系成分，探讨了社会认同在大五人格特质与知识保留关系中的中介作用（Wang, Lin and Li et al.，2014）。基于心理契约理论，本章研究综合考虑了黑暗人格三合一的工作动机、情感和社会关系成分，发现交易型心理契约在黑暗人格三合一与知识隐藏的关系之间起到中介作用。因此，本章研究的中介变量更具整合性，打开了人格特质——黑暗人格三合一对知识型团队成员知识隐藏影响过程的"黑箱"，丰富了知识隐藏研究的理论视角。

（3）本章研究发现交易型心理契约对知识型团队成员知识隐藏的三个维度均有显著的正向影响，丰富了知识管理和更宽泛的信息管理文献。现有知识管理研究发现员工的正式书面化的契约类型和心理契约类型均对知识共享有重要影响（Koriat and Gelbard，2014；何明芮，李永建，2011；卢福财，陈小锋，2012）。本章研究进一步拓展了上述研究文献，发现知识型团队成员的交易型心理契约对其知识隐藏行为也有重要的影响，交易型心理契约是知识型团队成员知识隐藏的重要诱发因素。已有的信息管理文献已经将心理契约理论应用于信息安全（Han，Kim and Kim，2017）、信息技术外包（Lioliou，Zimmermann and Willcocks et al.，2014）和知识转移（Ko，2014）等研究领域。本章的研究将心理契约理论应用于知识隐藏研究领域，拓展了心理契约理论的应用范围。

（4）本章研究进一步丰富了心理契约理论。首先，本章研究发现，黑暗人格三合一中的三种人格特质对交易型心理契约均有显著的正向影响。现有研究多集中于探讨大五人格特质对心理契约类型的影响，扎根奇克、雷斯图博格和基维茨等（2014）仅探讨了马基雅维利主义对心理契约类型的影响。本章的研究综合考虑了黑暗人格三合一中的三种人格特质，发现马基雅维利主义、自恋和精神病态对交易型心理契约均有显著的正向影响。因此，本章研究丰富了人格特质与心理契约类型之间关系的研究文献。其次，本章研究发现，性别在自恋—交易型心理契约、精神病态—交易型心理契约的关系之间起到调节作用。因此，本章的研究也在一定程度上进一步揭示了上述关系的边界条件。最后，本章研究发现性别调节自恋和精神病态通过交易型心理契约对知识隐藏的间接作用。性别的调节作用在知识共享的研究中已经得到了较多的验证，本章研究进一步将性别的调节作用拓展到了知识隐藏的研究领域之中。

6.7.3 管理启示

本章的研究对于加强知识型团队建设、削减知识型团队成员的知识隐藏，以及激励男性与女性团队成员分享知识具有一定的管理启示。

(1) 对于知识型团队的管理者来说，在组建知识型团队的时候，不但需要选择具有合适知识、技能和经验的员工，还需要考察员工的人格特质。由于知识型团队主要是通过团队成员之间的分工协作，最终达成特定的工作任务目标，因此在团队成员筛选的时候尽可能不要选择具有很高黑暗人格特质的员工。具有很高的马基雅维利主义、自恋和精神病态等黑暗人格特质的员工往往比较关注自我利益和知识权力，倾向于对团队成员隐藏关键性知识，很可能破坏知识型团队的凝聚力，影响团队的绩效和目标的完成。此外，知识型团队的管理者也可以通过团队成员在日常工作中的心理和行为表现，判断已有团队成员的人格特质的"阴暗面"。对于具有很高黑暗人格特质的团队成员，建议将其安排在团队中具有高透明度和问责制等主要从事程序性工作的岗位上。博伊尔、福赛斯和班克斯等（2012）也指出高透明度和问责制的工作岗位能够抑制员工黑暗人格特质的表达。

(2) 知识型团队的管理者需要通过合理的激励措施来削弱团队成员的交易型心理契约，增强团队成员的关系型心理契约，从而预防和削减知识型团队成员的知识隐藏。例如，知识型团队的管理者可以加强对团队成员的心理关怀和工作支持、增加团队的集体活动等方式来提升团队成员的归属感，提升其关系型心理契约，降低交易型心理契约，达到削减知识型团队成员知识隐藏的目的。

(3) 知识型团队的管理者在激励男性和女性团队成员分享知识的时候要注意性别的差异化，需要一定程度上使用差异化的激励策略。知识型团队的管理者可以试图通过满足男性成员的个人型社会角色期望，来激励男性成员更多地分享知识，试图通过满足女性成员的公共型社会角色期望，来激励女性成员更多地分享知识。

(4) 知识型团队的管理者需要避免具有较高黑暗人格特质的男性成员独自掌握某些方面的重要知识。管理者可以通过提供物质奖励来促使这些成员将关键性或独占性知识转移给其他成员，或从团队外部获取相关知识来适当增加这些成员的可替代性，从而避免潜在的知识风险。

6.8 本章小结

本章在第3章所构建的知识型团队成员知识隐藏影响因素整合模型的基础上，探究了人理因素主范畴中人格特质——黑暗人格三合一对知识型团队成员知识隐藏的作用机制。基于心理契约理论和社会角色理论，构建了相应的研究模型，提出了相关研究假设。利用251名知识型团队成员"自我—同事"报告的匹配数据对假设进行了检验。研究发现：黑暗人格三合一对知识型团队成员的知识隐藏有显著正向影响；具有不同黑暗人格特质的知识型团队成员倾向于采取不同的知识隐藏策略，马基雅维利主义者更加倾向于采取含糊隐藏策略，自恋者更加倾向于采取辩解隐藏策略，精神病态者更加倾向于采取装傻隐藏策略；知识型团队成员的交易型心理契约在黑暗人格三合一与知识隐藏的关系之间起到中介作用；性别不但能够调节自恋—交易型心理契约、精神病态—交易型心理契约之间的关系，而且能够调节自恋和精神病态通过交易型心理契约对知识隐藏的间接影响。本章的研究对于进一步理解知识隐藏行为的人格特质基础，加强知识型团队建设和削减团队成员的知识隐藏具有一定的管理启示。

第7章 结论与展望

本书在对知识型团队、知识隐藏等相关文献回顾与梳理的基础之上，围绕"知识型团队成员知识隐藏的影响因素及其作用机制"这一主题展开相关研究。首先，采用扎根理论的质性研究方法，构建了知识型团队成员知识隐藏影响因素的整合模型；其次，采用多种实证研究方法，分别探讨了整合模型中三个关键因素——感知的知识所有权、团队政治氛围、黑暗人格三合一对知识型团队成员知识隐藏的作用机制。本章将对全书的主要研究结论和创新点、未来的研究展望进行总结。

7.1 研究结论

本书的主要研究结论和创新点主要有四个方面。

第一，本书构建了知识型团队成员知识隐藏影响因素的整合模型。

本书运用扎根理论的质性研究方法，通过对深度访谈获取的数据资料进行开放式编码、主轴编码和选择性编码分析。研究发现：知识型团队成员知识隐藏的影响因素包含物理因素、事理因素、人理因素三个主范畴；物理因素主范畴包含知识自然属性和知识社会属性两个因子；事理因素主范畴包含制度技术情境、团队氛围、领导方式和任务安排四个因子；人理因素主范畴包含知识寻求者动机、知识寻求者能力，知识拥有者的人格特质、规避损失、规避成本、知识效能感、双方人际关系七个因子；上述三个主范畴对知识型团队成员知识隐藏的作用路径有所不同：物理因素是远端前置因素，其作用路径呈现为"物理因素—人理因素—知识隐藏"；事理因素是外部驱动因素，其作用路径呈现为"事理因素—人理因素—知识隐藏"或在其他主范畴的关系中起到边界条件作用;人理因素是内部驱动因素。这部分的研究创新性地构建了一个知识型团队成员知识隐藏影响因素的整合模型,即物理/事理/人理—知识隐藏整合模型(简称 WSR – KH 模型),厘清了不同主范畴对知识隐藏的作用路径,拓展了物理—事理—人理系统方法论的应用范围。

第二,本书揭示了物理因素主范畴中知识社会属性——感知的知识所有权对知识型团队成员知识隐藏的作用机制。

基于知识权力理论,本书构建了感知的知识所有权对知识型团队成员知识隐藏作用机制的研究模型。通过开展演绎导向的假设检验型研究,得到如下研究结论:感知的知识个人所有权对知识型团队成员知识隐藏有显著的正向影响;感知的知识组织所有权对知识型团队成员知识隐藏有显著的负向影响;知识权力损失在感知的知识所有权与知识隐藏的关系中起到中介作用;团队层面的绩效动机氛围对知识权力损失与知识隐藏之间的正向关系起到强化作用;团队层面的精熟动机氛围对知识权力损失与知识隐藏之间的正向关系起到弱化作用。这部分的研究丰富了知识隐藏在知识属性方面的前因变量,揭示了感知的知识所有权对知识型团队成员知识隐藏影响的过程机制和边界条件,并拓展了知识隐藏研究的理论视角。

第三,本书揭示了事理因素主范畴中团队政治氛围对知识型团队成员知识隐藏的作用机制。

基于调节焦点理论,本书构建了团队政治氛围对知识型团队成员知识隐藏作用机制的研究模型。通过开展演绎导向的假设检验型研究,得到如下研究结论:团队政治氛围对成员的知识隐藏有显著的正向影响;团队政治氛围对成员的防御型情境焦点有显著的正向影响;团队成员的防御型情境焦点对知识隐藏有显著的正向影响;团队成员的防御型情境焦点在团队政治氛围与知识隐藏的关系中起到中介作用。这部分的研究丰富了知识隐藏在团队氛围方面的前因变量,揭示了团队政治氛围对知识型团队成员知识隐藏影响的过程机制,并拓展了政治氛围或员工政治知觉研究的理论视角。

第四,本书揭示了人理因素主范畴中知识拥有者的人格特质——黑暗人格三合一对知识型团队成员知识隐藏的作用机制。

基于心理契约理论,本书构建了黑暗人格三合一对知识型团队成员知识隐藏作用机制的研究模型。通过开展演绎导向的假设检验型研究，得到如下研究结论：黑暗人格三合一（马基雅维利主义、自恋和精神病态）对知识型团队成员知识隐藏有显著的正向影响；交易型心理契约在黑暗人格三合一与知识隐藏的关系中起到中介作用；马基雅维利主义者更加倾向于采取含糊隐藏策略；自恋者更加倾向于采取辩解隐藏策略；精神病态者更加倾向于采取装傻隐藏策略；性别能够调节自恋、精神病态与交易型心理契约之间的关系，表现为自恋、精神病态与交易型心理契约之间的正向关系在男性中更强，在女性中较弱；性别还调节了自恋和精神病态通过交易型心理契约对知识隐藏的间接作用，表现为上述间接作用在男性中更强，在女性中较弱。这部分的研究丰富了知识隐藏在人格特质方面的前因变量，揭示了黑暗人格三合一对知识型团队成员知识隐藏影响的过程机制，同时性别的调节作用也拓展了心理契约理论。

本书对知识型团队成员之间知识隐藏问题的研究结论，对其他类型团队也具有一定的适用性和参考价值，因为知识交流在任何其他类型团队内部合作过程中都发挥着不同程度的作用，而且团队成员之间也通常存在着知识隐藏行为。

7.2 研究展望

知识型团队成员知识隐藏的影响因素及其作用机制这一研究选题具有基础性、前沿性和突出的创新性，研究价值高。虽然本书所开展的几项研究为该领域的发展做出了一定的贡献，但是目前还有许多重要疑难问题尚没有得到解决。展望未来，还需要在以下四个方面展开进一步的研究。

第一，未来的研究可以进一步探索在虚拟团队中成员之间的知识隐藏行为是否有其他的策略类型或独特的驱动因素。

随着信息技术的发展，越来越多的组织试图借助信息技术来连接不同地域的员工，从而组建相应的虚拟团队，共同完成某项任务。虚拟团队成员可能来自同一组织，也可能来自不同组织，甚至成员之间可能从未谋面。那么，除了本书中所关注的佯装不知、含糊隐藏和辩解隐藏三种知识隐藏策略之外，虚拟团队成员之间的知识隐藏行为是否有其他策略类型或独特的驱动因素是一个重要且有趣的研究问题。笔者认为，在虚拟团队中，团队成员还可能采取"故意拖延"的知识隐藏策略，即团队成员可能假装暂时没有收到其他成员的知识请求或即使收到知识请求，但是并不马上进行解答，故意拖延直至对方不再进行询问。在面对面知识请求的情况下，知识拥有者一般需要进行现场解释，然而在虚拟团队的工作情境之下，员工之间的知识交流则需要借助相应的信息技术中介，因此，很可能不需要立刻进行解答，这就为虚拟团队成员采用"故意拖延"的知识隐藏策略提供了机会。

第二，未来的研究需要进一步探索在中国文化背景下，知识型团队成员知识隐藏行为独有的驱动因素和抑制因素。

现有关于知识隐藏的研究文献多是采用西方文化背景下所提出的变量或理论进而开展研究工作，然而中国有着与西方迥异的独特文化，因此有必要开展更多的知识隐藏本土化研究。例如，受到中国传统文化的影响，中国人在人际交往和互动中，常常表现出"爱面子、重关系、讲人情"等典型特征，那么，"面子""关系""人情"等因素是否为中国文化背景下，知识型团队成员知识隐藏行为的独有影响因素，其影响过程机制是什么，这些都是值得未来进一步探讨的话题。再如，在我国现实的组织内部，还可能依据不同的派系还会形成不同的"圈子"，那么圈子文化或个体在圈子中的地位是否会影响到个体的知识隐藏行为。对知识隐藏的本土化研究或许能够为我国的知识管理理论与实践提供新的见解。

第三，未来的研究还需要进一步采用更为丰富的理论视角来对知识隐藏的影响因素及其作用机制展开研究。

虽然学者们一致认为知识隐藏和知识共享是两个不同的构念，需要分别进行研究，但是笔者在对现有文献进行梳理的过程中发现，现有文献多是采用相同的理论视角来研究组织中知识隐藏和知识共享的前因与结果，如社会交换理论、资源保存理论、人格特质理论、社会学习理论与团队互动理论等。本书的几项实证研究所采用的知识权力理论、调节焦点理论和心理契约理论等在一定程度上丰富了知识隐藏研究的理论视角，部分学者也利用领地行为理论和道德推脱理论为解释组织中的知识隐藏提供了新的思路，但是目前我们仍然迫切需要新的理论视角来探究知识隐藏的前因与结果。例如，未来的研究可以采用社会网络理论，来探究个体在组织中的网络关系或网络结构是否影响其知识隐藏行为。

第四，知识型团队成员知识隐藏还涉及团队成员之间的合作与竞争问题，因此未来还需要进一步对知识隐藏过程中团队成员之间的博弈问题展开研究。

本书第三章构建了知识型团队成员知识隐藏影响因素的整合模型，并在后续的章节中重点对其中三个关键因素的作用机制展开了实证研究，未来的研究还需要进一步采用定量研究方法，来验证本书第三章所构建的知识型团队成员知识隐藏影响因素的整合模型中的一些其他因素对知识隐藏的影响效应及其作用机制。此外，个体的知识隐藏行为在不同类型的团队中是否存在差异也值得进一步地探索。

附　　录

一、感知的知识所有权的测量题项

题号	题项内容
1	我认为我在工作中积累的知识和经验属于我个人所有
2	我认为我带到工作中的知识属于我个人所有
3	我在工作中使用的知识是属于我个人所有
4	我认为我在工作中积累的知识和经验属于我们整个团队
5	我认为我在工作中使用的知识属于团队的每一个人
6	我认为我带到工作中的知识属于整个组织

二、知识权力损失的测量题项

题号	题项内容
1	失去了在团队中的独特价值
2	失去了在组织中的权力基础
3	失去了受人关注和尊重的知识
4	失去了别人没有，而我拥有的独特知识

三、绩效动机氛围的测量题项

题号	题项内容
1	在我的工作团队，在工作中比其他人出色很重要
2	在我的工作团队，通过团队成员之间的比较来评价员工绩效
3	在我的工作团队，员工的绩效经常要拿来与同事进行比较

续表

题号	题项内容
4	在我的工作团队，鼓励团队成员之间的相互竞争
5	在我的工作团队，通过金钱奖励那些表现最好的团队成员
6	在我的工作团队，只有那些取得最好成绩的员工才会被认为是学习的榜样
7	在我的工作团队，通过团队成员之间的竞争来达到最好的工作结果
8	在我的工作团队，大家都具有强有力的竞争对手同事

四、精熟动机氛围的测量题项

题号	题项内容
1	在我的工作团队，鼓励员工进行合作和想法交流
2	在我的工作团队，十分强调员工的学习与发展
3	在我的工作团队，鼓励员工合作和知识沟通
4	在我的工作团队，鼓励员工在工作中尝试新方法
5	在我的工作团队，让每个员工感到自己在团队中很重要是团队目标之一
6	在我的工作团队，每个员工在工作中都有清晰且重要的任务

五、知识隐藏的测量题项

题号	题项内容
1	口头上答应帮助他（她），但会给一些不相关的知识/信息
2	口头上答应帮助他（她），但却尽量拖延
3	口头上答应帮助他（她），但却提供一些对方并不想要的知识/信息
4	口头上答应帮助他（她），但事实上我并不会付诸行动
5	假装我听不懂对方问的问题是什么
6	假装我并不了解该方面知识
7	假装我不懂，尽管事实上我懂
8	假装我并不擅长这方面知识
9	向对方解释，我愿意告知，但是有人不希望我这样做
10	向对方解释，该信息是保密的，只能对相关人员公开
11	向对方解释，上级不允许任何人分享该知识
12	向对方解释，我不能回答他（她）的问题

六、团队政治氛围的测量题项

题号	题项内容
1	团队中存在大量自私自利的行为
2	团队中很多人总是耍花招
3	人们会做一些对自己有好处，而不是对团队有好处的事情
4	人们会花一些时间去讨好团队中位高权重的人
5	人们会进行一些幕后操作，确保自己获得一些利益
6	人们会在背后贬低他人，抬高自己

七、防御型情境焦点的测量题项

题号	题项内容
1	我集中精力正确地完全工作任务，是为了增加工作安全感
2	在工作中，我将注意力放在完成分配给我的任务上
3	履行我的工作职责对我来说很重要
4	在工作中，我努力完成他人交给我的工作职责
5	在工作中，我努力完成任务是为了满足工作安全的需求
6	在工作中，我会尽可能地避免损失
7	工作安全感是我在求职中考虑的一个重要因素
8	在工作中，我将注意力放在避免工作失败上
9	在工作中，我处处小心，以防自己处于潜在的损失之中

八、黑暗人格三合一的测量题项

题号	题项内容
1	我倾向于通过操纵他人以达到自己的目的
2	我曾经通过欺骗或谎言以达到自己的目的
3	我曾经利用阿谀奉承以达到自己的目的
4	我倾向于利用别人以达到自己的目的
5	我可能缺乏同情心
6	我可能对自己行为是否符合道德规范并不关心

续表

题号	题项内容
7	我可能比较冷漠麻木
8	我可能比较愤世嫉俗
9	我希望别人来赞美我
10	我希望别人来关注我
11	我想要追求名誉和地位
12	我希望从别人那里获得特殊礼遇

九、交易型心理契约的测量题项

题号	题项内容
1	他（她）只在劳动合同规定的上班时间内工作
2	他（她）只承担劳动合同里规定的职责
3	他（她）对工作的忠诚度是由劳动合同决定的
4	他（她）只喜欢在朝九晚五的时间内工作
5	他（她）只做必要的事情，从而完成相应工作
6	他（她）并不认同组织的目标
7	他（她）工作的目的是为了完成职业生涯的短期目标

参 考 文 献

[1] 曹科岩,李凯,龙君伟. 组织政治认知,组织内信任与员工知识分享行为关系的实证研究 [J]. 软科学, 2008, 22 (8): 139-144.

[2] 曹霞,宋琪. 诺莫网络视角下产学研主体间知识共享与知识隐匿关系研究 [J]. 科技进步与对策, 2016, 33 (2): 148-154.

[3] 曹宇. 知识型员工激励问题探究 [J]. 经营管理者, 2015 (1Z): 183-184.

[4] 曹元坤,徐红丹. 调节焦点理论在组织管理中的应用述评 [J]. 管理学报, 2017, 14 (8): 1254-1262.

[5] 曹洲涛,杨瑞. 知识领地行为视角下个体知识向组织知识转移的研究 [J]. 科学学与科学技术管理, 2014, 35 (10): 35-42.

[6] 陈梦媛. 组织政治氛围对组织创新和组织绩效的影响及其作用机制研究 [D]. 济南: 山东大学, 2017.

[7] 陈伟,付振通. 复杂产品系统创新中知识获取关键影响因素研究 [J]. 情报理论与实践, 2013, 36 (3): 62-67.

[8] 陈向明. 扎根理论的思路和方法 [J]. 教育研究与实验, 1999 (4): 58-63.

[9] 陈叶烽,叶航,汪丁丁. 信任水平的测度及其对合作的影响——来自一组实验微观数据的证据 [J]. 管理世界, 2010 (4): 54-64.

[10] 崔勋,瞿皎姣. 组织政治知觉对组织公民行为的影响辨析——基于国有企业员工印象管理动机的考察 [J]. 南开管理评论, 2014, 17 (2): 129-141.

[11] 段锦云,王娟娟,朱月龙. 组织氛围研究: 概念测量,理论基础及

评价展望［J］．心理科学进展，2014，22（12）：1964－1974．

［12］费小冬．扎根理论研究方法论：要素，研究程序和评判标准［J］．公共行政评论，2008，3（1）：23－43．

［13］费孝通．乡土中国［M］．北京：北京出版社，2002．

［14］冯帆，章蕾．感知的知识所有权与知识共享——激励的调节作用［J］．华东经济管理，2014，28（2）：97－103．

［15］弗朗西斯·赫瑞比，管理知识员工：挖掘企业智力资本［M］．郑晓明，译．北京：机械工业出版社，2000．

［16］耿耀国，孙群博，黄婧宜，等．黑暗十二条与短式黑暗三联征量表：两种黑暗三联征测量工具中文版的检验［J］．中国临床心理学杂志，2015，23（2）：246－250．

［17］顾基发，唐锡晋，朱正祥．物理—事理—人理系统方法论综述［J］．交通运输系统工程与信息，2007，7（6）：51－60．

［18］郭涛．从索尼帝国的没落看"狼性文化"的恶果［EB/OL］．2016．http：//www.nbd.com.cn/articles/2016－05－05/1002834．html．

［19］何明芮，李永建．心理契约类型对隐性知识共享意愿影响的实证研究［J］．管理学报，2011，8（1）：56－60．

［20］胡蓓，陈荣秋．"知识工人"初探［J］．自然辩证法研究，2001，17（5）：42－44．

［21］黄爱华，黎子森．工作不安全感与员工创造力：知识隐藏的中介作用和任务互赖的调节作用［J］．中国人力资源开发，2016（9）：56－65．

［22］黄磊．康德与福柯：从知识论的构造到权力论的生成［J］．哈尔滨工业大学学报：社会科学版，2014（4）：30－35．

［23］姬荣斌，何沙，余晓钟．WSR系统方法论视角下的企业安全生产应急管理［J］．系统科学学报，2018，26（4）：112－117．

［24］姜荣萍，何亦名．工作场所中员工知识隐藏行为影响因素实证研究［J］．科技管理研究，2013，33（20）：128－132．

［25］姜荣萍，何亦名．知识心理所有权对知识隐藏的影响机制研究——基于智力型组织的实证调研［J］．科技进步与对策，2014，31（14）：128－133．

[26] 蒋甲丁，肖潇，张玲玲. 知识生态视角下基于WSR的大型工程项目知识共享影响因素及实证研究 [J]. 管理评论，2021，33（5）：11-24.

[27] 金辉，杨忠，冯帆. 物质激励，知识所有权与组织知识共享研究 [J]. 科学学研究，2011，29（7）：1036-1045.

[28] 金辉. 基于匹配视角的内外生激励，知识属性与知识共享意愿的关系研究 [J]. 研究与发展管理，2014，26（3）：74-85.

[29] 金辉. 内外生激励，知识属性与组织内知识共享治理研究 [D]. 南京：南京大学，2013.

[30] 康鑫，刘强. 高技术企业知识动员对知识进化的影响路径——知识隐匿中介作用及知识基的调节作用 [J]. 科学学研究，2016，34（12）：1856-1864.

[31] 李柏洲，徐广玉，苏屹. 基于扎根理论的企业知识转移风险识别研究 [J]. 科学学与科学技术管理，2014，35（4）：57-65.

[32] 李浩，黄剑. 团队知识隐藏对交互记忆系统的影响研究 [J]. 南开管理评论，2018，21（4）：134-147.

[33] 李磊，尚玉钒. 基于调节焦点理论的领导对下属创造力影响机理研究 [J]. 南开管理评论，2011（5）：4-11.

[34] 李磊，席酉民，尚玉钒，等. 基于调节焦点理论的领导反馈对下属创造力影响分析 [J]. 系统工程理论与实践，2013，33（9）：2280-2291.

[35] 李露凡，舒欢. 基于模糊综合评价模型的工程项目融资模式评价与决策 [J]. 工程管理学报，2014，28（3）：104-108.

[36] 李卫东，刘洪. 研发团队成员信任与知识共享意愿的关系研究——知识权力丧失与互惠互利的中介作用 [J]. 管理评论，2014，26（3）：128-138.

[37] 李锡元，张秋，王红梅. 创新时间压力与知识隐藏相关机制研究 [J]. 华东经济管理，2021，35（2）：57-64.

[38] 梁明辉，易凌峰. 组织政治氛围对员工疏离感的影响：自我决定动机的中介作用 [J]. 心理科学，2018，41（2）：397-402.

[39] 廖建桥，文鹏. 知识员工定义，特征及分类研究述评 [J]. 管理学报，2009，6（2）：277-283.

[40] 林雪琴. 基于知识型员工特征的激励模型构建 [J]. 改革与开放，

2011 (8X): 102.

[41] 林叶, 李燕萍. 前瞻性行为与员工的工作绩效——领导的正直性和团队政治氛围的调节作用 [J]. 商业经济与管理, 2016 (7): 73-82.

[42] 刘东, 张震, 汪默. 被调节的中介和被中介的调节: 理论构建与模型检验. 见陈晓萍, 徐淑英, 樊景立. 组织与管理研究的实证方法 [M]. 北京: 北京大学出版社, 2012, 553-587.

[43] 刘家国, 孔玉丹, 周欢, 等. 供应链风险管理的物理—事理—人理方法研究 [J]. 系统工程学报, 2018, 33 (3): 298-307.

[44] 刘军, 宋继文, 吴隆增. 政治与关系视角的员工职业发展影响因素探讨 [J]. 心理学报, 2008, 40 (2): 201-209.

[45] 刘新梅, 陈超. 团队动机氛围对团队创造力的影响路径探析——基于动机性信息加工视角 [J]. 科学学与科学技术管理, 2017, 38 (10): 170-180.

[46] 刘旸, 张玲玲, 黄安强, 等. 知识转移绩效影响因素的实证研究——以软件行业为例 [J]. 管理学报, 2009, 6 (11): 1471-1477.

[47] 柳长森, 郭建华, 金浩, 等. 基于WSR方法论的企业安全风险管控模式研究——"11·22"中石化管道泄漏爆炸事故案例分析 [J]. 管理评论, 2017, 29 (1): 265-272.

[48] 卢福财, 陈小锋. 知识员工心理契约, 组织信任与知识共享意愿 [J]. 经济管理, 2012, 34 (4): 76-83.

[49] 罗瑾琏, 李鲜苗. 高校科研团队知识传承路径的扎根研究 [J]. 科学学研究, 2012, 30 (11): 1690-1697.

[50] 马超, 凌文铨, 方俐洛. 企业员工组织政治认知量表的构建 [J]. 心理学报, 2006, 38 (1): 107-115.

[51] 马郡. 技术型企业开发研发人员创造力之道: 华为怎么做? [EB/OL]. 2016. http://edu.china.com/examine/mba/mbanews/90138/20160811/23265497_all.html#page_2.

[52] 毛畅果. 调节焦点理论: 组织管理中的应用 [J]. 心理科学进展, 2017, 25 (4): 682-690.

[53] 缪炯, 张龙. 组织政治知觉研究进展述评 [J]. 领导科学, 2016

(4Z): 39-42.

[54] 秦峰, 许芳. 黑暗人格三合一研究述评 [J]. 心理科学进展, 2013, 21 (7): 1248-1261.

[55] 尚玉钒, 徐珺, 赵新宇, 等. Web2.0情境下基于调节焦点理论的高校科研团队知识隐藏研究 [J]. 科学学与科学技术管理, 2016, 37 (11): 83-94.

[56] 孙锐, 李海刚, 石金涛. 知识型团队动态能力构建, 团队体系模型与创新运作模式研究 [J]. 南开管理评论, 2007, 10 (4): 4-10.

[57] 孙晓娥. 扎根理论在深度访谈研究中的实例探析 [J]. 西安交通大学学报 (社会科学版), 2011, 31 (6): 87-92.

[58] 佟雪铭. WSR方法论在人力资源开发研究中的应用 [J]. 软科学, 2008, 22 (1): 135-138.

[59] 王建明, 王俊豪. 公众低碳消费模式的影响因素模型与政府管制政策——基于扎根理论的一个探索性研究 [J]. 管理世界, 2011 (4): 58-68.

[60] 王连娟, 张跃先, 张翼. 知识管理 [M]. 北京: 人民邮电出版社, 2016.

[61] 王士红. 组织动机感知, 损失感知及知识共享意愿 [J]. 科研管理, 2012, 33 (1): 56-63.

[62] 王晓科. 基于不同人性假设的知识共享研究理论述评 [J]. 管理学报, 2013, 10 (5): 775-780.

[63] 王振林. 卓越转型: 知识型员工价值实现的四大修炼 [M]. 北京: 机械工业出版社, 2016.

[64] 魏峰, 张文贤. 国外心理契约理论研究的新进展 [J]. 外国经济与管理, 2004, 26 (2): 12-16.

[65] 吴强, 万可. 论知识员工的四分图管理模型 [J]. 研究与发展管理, 2003, 15 (4): 35-40.

[66] 伍晋明, 殷琳琳, 王威等. 知识型员工人力资源管理 [M]. 北京: 中国劳动社会保障出版社, 2008.

[67] 徐建中, 曲小瑜. 基于扎根理论的装备制造企业环境技术创新行为驱动因素的质化研究 [J]. 管理评论, 2014, 26 (10): 90-101.

[68] 徐维祥,张全寿. 基于WSR方法论的信息系统项目评价研究 [J]. 系统工程与电子技术, 2000, 22 (10): 4-6.

[69] 杨杰,凌文辁,方俐洛. 关于知识工作者与知识性工作的实证解析 [J]. 科学学研究, 2004, 22 (2): 190-196.

[70] 叶茂林. 让你的员工"知无不言"——避免组织内部知识隐藏 [J]. 北大商业评论, 2013 (8): 72-79.

[71] 张彩江,孙东川. WSR方法论的一些概念和认识 [J]. 系统工程, 2001, 19 (6): 1-8.

[72] 张体勤,丁荣贵. 关于知识团队特性的研究 [J]. 人类工效学, 2002, 8 (3): 41-44.

[73] 张晓怿,王云峰,于巍. 特定组织氛围研究述评与展望 [J]. 外国经济与管理, 2016, 38 (9): 64-79.

[74] 张笑峰,席酉民. 伦理型领导对员工知识隐藏的影响机制研究 [J]. 软科学, 2016, 30 (10): 96-99.

[75] 赵健宇,李柏洲,裘希. 知识产权契约激励与个体知识创造行为的关系研究 [J]. 管理科学, 2015, 28 (3): 63-76.

[76] 赵婷. 共享领导对员工知识隐藏行为影响的研究 [D]. 广州: 暨南大学, 2013.

[77] Agarwal U A, Avey J, Wu K. How and When Abusive Supervision Influences Knowledge Hiding Behavior: Evidence from India [J]. Journal of Knowledge Management, 2021, ahead-of-print, https://doi.org/10.1108/JKM-10-2020-0789.

[78] Ainger A, Kaura R, Ennals R. Executive Guide to Business Success Through Human-Centred Systems [M]. New York: Springer, 1995.

[79] Akgün A E, Keskin H, Ayar H et al. Knowledge Sharing Barriers in Software Development Teams: A Multiple Case Study in Turkey [J]. Kybernetes, 2017, 46 (4): 603-620.

[80] Alavi M, Leidner D E. Knowledge Management Systems: Issues, Challenges, and Benefits [J]. Communications of the Association for Information Systems, 1999, 1 (2): 1-28.

[81] Alavi M, Leidner D E. Review: Knowledge Management and Knowledge

Management Systems: Conceptual Foundations and Research Issues [J]. MIS Quarterly, 2001, 25 (1): 107 - 136.

[82] Ali M, Ali I, Albort-Morant G et al. How Do Job Insecurity and Perceived Well-Being Affect Expatriate Employees' Willingness to Share or Hide Knowledge? [J]. International Entrepreneurship and Management Journal, 2021, 17 (1): 185 - 210.

[83] Anand P, Jain K K. Big Five Personality Types & Knowledge Hiding Behaviour: A Theoretical Framework [J]. Archives of Business Research, 2014, 2 (5): 47 - 56.

[84] Anaza N A, Nowlin E L. What's Mine Is Mine: A Study of Salesperson Knowledge Withholding & Hoarding Behavior [J]. Industrial Marketing Management, 2017, 64: 14 - 24.

[85] Arain G A, Hameed I, Umrani W A et al. Consequences of Supervisor Knowledge Hiding in Organizations: A Multilevel-Mediation Analysis [J]. Applied Psychology, 2021, 70 (3): 1242 - 1266.

[86] Argote L, Mcevily B, Reagans R. Managing Knowledge in Organizations: An Integrative Framework and Review of Emerging Themes [J]. Management science, 2003, 49 (4): 571 - 582.

[87] Ashforth B E, Lee R T. Defensive Behavior in Organizations: A Preliminary Model [J]. Human Relations, 1990, 43 (7): 621 - 648.

[88] Babcock P. Shedding Light on Knowledge Management [J]. HR Magazine, 2004, 49 (5): 46 - 51.

[89] Baer M, Brown G. Blind in One Eye: How Psychological Ownership of Ideas Affects the Types of Suggestions People Adopt [J]. Organizational Behavior and Human Decision Processes, 2012, 118 (1): 60 - 71.

[90] Bandura A. Self-Efficacy: the Exercise of Control [M]. New York: W. H. Freeman and Company, 1997.

[91] Baron R M, Kenny D A. The Moderator-Mediator Variable Distinction in Social Psychological Research: Conceptual, Strategic, and Statistical Considerations [J]. Journal of Personality and Social Psychology, 1986, 51 (6): 1173 - 1182.

[92] Barrick M R, Mount M K, Li N. The Theory of Purposeful Work Behavior: the Role of Personality, Higher-Order Goals, and Job Characteristics [J]. Academy of Management Review, 2013, 38 (1): 132-153.

[93] Batson C D. Prosocial Motivation: Why Do We Help Others [M]//Tesser A. Advanced Social Psychology. New York: McGraw-Hill, 1995: 333-381.

[94] Bentley T. The Knowledge Workers [J]. Management Accounting-London, 1990, 68 (3): 47.

[95] Blickle G, Schütte N, Wihler A. Political Will, Work Values, and Objective Career Success: A Novel Approach-the Trait-Reputation-Identity Model [J]. Journal of Vocational Behavior, 2018, 107: 42-56.

[96] Bock G, Zmud R W, Kim Y et al. Behavioral Intention Formation in Knowledge Sharing: Examining the Roles of Extrinsic Motivators, Social-Psychological Forces, and Organizational Climate [J]. MIS Quarterly, 2005: 87-111.

[97] Bogdanowicz M S, Bailey E K. The Value of Knowledge and the Values of the New Knowledge Worker: Generation X in the New Economy [J]. Journal of European Industrial Training, 2002, 26 (2/3/4): 125-129.

[98] Bogilović S, Černe M, Akerlavaj M. Hiding Behind a Mask? Cultural Intelligence, Knowledge Hiding, and Individual and Team Creativity [J]. European Journal of Work and Organizational Psychology, 2017, 26 (5): 710-723.

[99] Brown G, Lawrence T B, Robinson S L. Territoriality in Organizations [J]. Academy of Management Review, 2005, 30 (3): 577-594.

[100] Brown R D. Knowledge Is Power [M]. Oxford: Oxford University Press, 1993.

[101] Campbell W K, Foster C A. Narcissism and Commitment in Romantic Relationships: An Investment Model Analysis [J]. Personality and Social Psychology Bulletin, 2002, 28 (4): 484-495.

[102] Černe M, Hernaus T, Dysvik A et al. The Role of Multilevel Synergistic Interplay Among Team Mastery Climate, Knowledge Hiding, and Job Characteristics in Stimulating Innovative Work Behavior [J]. Human Resource Management Journal, 2017, 27 (2): 281-299.

[103] Černe M, Nerstad C G, Dysvik A et al. What Goes Around Comes Around: Knowledge Hiding, Perceived Motivational Climate, and Creativity [J]. Academy of Management Journal, 2014, 57 (1): 172-192.

[104] Chai S, Das S, Rao H R. Factors Affecting Bloggers' Knowledge Sharing: An Investigation Across Gender [J]. Journal of Management Information Systems, 2011, 28 (3): 309-342.

[105] Chang C, Rosen C C, Levy P E. The Relationship Between Perceptions of Organizational Politics and Employee Attitudes, Strain, and Behavior: A Meta-Analytic Examination [J]. Academy of Management Journal, 2009, 52 (4): 779-801.

[106] Christie R, Geis F L. Studies in Machiavellianism [M]. New York: Academic Press, 1970.

[107] Connelly C E, Zweig D, Webster J et al. Knowledge Hiding in Organizations [J]. Journal of Organizational Behavior, 2012, 33 (1): 64-88.

[108] Connelly C E, Zweig D. How Perpetrators and Targets Construe Knowledge Hiding in Organizations [J]. European Journal of Work and Organizational Psychology, 2015, 24 (3): 479-489.

[109] Constant D, Kiesler S, Sproull L. What's Mine Is Ours, or Is It? A Study Of Attitudes About Information Sharing [J]. Information Systems Research, 1994, 5 (4): 400-421.

[110] Cummings J N. Work Groups, Structural Diversity, and Knowledge Sharing in a Global Organization [J]. Management Science, 2004, 50 (3): 352-364.

[111] Darr W, Johns G. Political Decision – Making Climates: Theoretical Processes and Multi-Level Antecedents [J]. Human Relations, 2004, 57 (2): 169-200.

[112] Davenport T H, Jarvenpaa S L, Beers M C. Improving Knowledge Work Processes [J]. Sloan Management Review, 1996, 37 (4): 53-66.

[113] Davenport T H, Prusak L. Working Knowledge: How Organizations Manage What They Know [M]. Boston: Harvard Business Press, 1998.

[114] De Geofroy Z, Evans M M. Are Emotionally Intelligent Employees Less

Likely to Hide Their Knowledge? [J]. Knowledge and Process Management, 2017, 24 (2): 81 -95.

[115] Demirkasimoglu N. Knowledge Hiding in Academia: Is Personality a Key Factor? [J]. International Journal of Higher Education, 2015, 5 (1): 128 -140.

[116] Dove R. The Knowledge Worker [J]. Automotive Manufacturing & Production, 1998, 110 (6): 26 -28.

[117] Drory A. Perceived Political Climate and Job Attitudes [J]. Organization Studies, 1993, 14 (1): 59 -71.

[118] Drucker P. Landmarks of Tomorrow [M]. New York: Harper Publisher, 1959.

[119] Drucker P. Managing in a Time of Great Change [M]. Boston: Harvard Business Press, 2009.

[120] Drucker P. Knowledge-Worker Productivity: The Biggest Challenge [J]. California Management Review, 1999, 41 (2): 79 -94.

[121] Eagly A H, Wood W, Diekman A. Social Role Theory of Sex Differences and Similarities: A Current Appraisal [M]//Eckes T, Trautner H M. The Developmental Social Psychology of Gender, Mahwah: Erlbaum, 2000: 123 -174.

[122] Edwards J R, Lambert L S. Methods for Integrating Moderation and Mediation: A General Analytical Framework Using Moderated Path Analysis [J]. Psychological Methods, 2007, 12 (1): 1 -22.

[123] Evans J M, Hendron M G, Oldroyd J B. Withholding the Ace: The Individual-and Unit-Level Performance Effects of Self -Reported and Perceived Knowledge Hoarding [J]. Organization Science, 2014, 26 (2): 494 -510.

[124] Fang Y. Coping with Fear and Guilt Using Mobile Social Networking Applications: Knowledge Hiding, Loafing, and Sharing [J]. Telematics and Informatics, 2017, 34 (5): 779 -797.

[125] Feng J, Wang C. Does Abusive Supervision Always Promote Employees to Hide Knowledge? From Both Reactance and COR Perspectives [J]. Journal of Knowledge Management, 2019, 23 (7): 1455 -1474.

[126] Ferris G R, Fedor D B, Chachere J G et al. Myths and Politics in Organizational Contexts [J]. Group & Organization Studies, 1989, 14 (1): 83-103.

[127] Ferris G R, Kacmar K M. Perceptions of Organizational Politics [J]. Journal of Management, 1992, 18 (1): 93-116.

[128] Fong P S, Men C, Luo J et al. Knowledge Hiding and Team Creativity: The Contingent Role of Task Interdependence [J]. Management Decision, 2018, 56 (2): 329-343.

[129] Ford D P, Staples D S. What Is Knowledge Sharing from the Informer's Perspective? [J]. International Journal of Knowledge Management, 2008, 4 (4): 1-20.

[130] Ford D P, Staples S. Are Full and Partial Knowledge Sharing the Same? [J]. Journal of Knowledge Management, 2010, 14 (3): 394-409.

[131] Ford D, Myrden S E, Jones T D. Understanding "Disengagement from Knowledge Sharing": Engagement Theory Versus Adaptive Cost Theory [J]. Journal of Knowledge Management, 2015, 19 (3): 476-496.

[132] Fornell C, Larcker D F. Evaluating Structural Equation Models with Unobservable Variables and Measurement Error [J]. Journal of Marketing Research, 1981, 18 (1): 39-50.

[133] Foucault M. Power/knowledge: Selected interviews and other writings, 1972-1977 [M]. New York: Pantheon, 1980.

[134] Furnham A, Richards S C, Paulhus D L. The Dark Triad of personality: A 10 year review [J]. Social and Personality Psychology Compass, 2013, 7 (3): 199-216.

[135] Furnham A, Trickey G. Sex Differences in the Dark Side Traits [J]. Personality and Individual Differences, 2011, 50 (4): 517-522.

[136] Gagné M, Tian A W, Soo C et al. Different Motivations for Knowledge Sharing and Hiding: The Role of Motivating Work Design [J]. Journal of Organizational Behavior, 2019, 40 (7): 783-799.

[137] Gebauer J E, Riketta M, Broemer P et al. Pleasure and Pressure Based

Prosocial Motivation: Divergent Relations to Subjective Well – Being [J]. Journal of Research in Personality, 2008, 42 (2): 399 –420.

[138] Glaser B G, Strauss A L. The Discovery of Grounded Theory: Strategies for Qualitative Theory [M]. Chicago: Aldine, 1967.

[139] Gordon R, Grant D. Knowledge Management or Management of Knowledge? Why People Interested in Knowledge Management Need to Consider Foucault and the Construct of Power [J]. Journal for Critical Postmodern Organization Science, 2004, 3 (2): 27 –38.

[140] Gorman C A, Meriac J P, Overstreet B L et al. A Meta-Analysis of the Regulatory Focus Nomological Network: Work-Related Antecedents and Consequences [J]. Journal of Vocational Behavior, 2012, 80 (1): 160 –172.

[141] Greenhalgh L, Rosenblatt Z. Job Insecurity: Toward Conceptual Clarity [J]. Academy of Management Review, 1984, 9 (3): 438 –448.

[142] Grijalva E, Harms P D. Narcissism: An Integrative Synthesis and Dominance Complementarity Model [J]. Academy of Management Perspectives, 2014, 28 (2): 108 –127.

[143] Grijalva E, Newman D A, Tay L et al. Gender Differences in Narcissism: A Meta-Analytic Review [J]. Psychological Bulletin, 2015, 141 (2): 261 –310.

[144] Grijalva E, Newman D A. Narcissism and Counterproductive Work Behavior (CWB): Meta-Analysis and Consideration of Collectivist Culture, Big Five Personality, and Narcissism's Facet Structure [J]. Applied Psychology: An International Review, 2015, 64 (1): 93 –126.

[145] Gu J, Zhu Z. The Wu-li Shi-li Ren-li Approach (WSR): An Oriental Systems Methodology [M]//Midgley G L, Wiley J. Systems Methodology I: Possibilities for Cross-Cultural Learning and Integration. Hull: The University of Hull Press, 1995: 29 –38.

[146] Haas M R, Park S. To Share or Not to Share? Professional Norms, Reference Groups, and Information Withholding Among Life Scientists [J]. Organization Science, 2010, 21 (4): 873 –891.

[147] Hair J T, Anderson R T, Tatham R L et al. Multivariate Data Analysis with Readings [M]. New York: Macmillan, 1992.

[148] Han J, Kim Y J, Kim H. An Integrative Model of Information Security Policy Compliance with Psychological Contract: Examining a Bilateral Perspective [J]. Computers & Security, 2017, 66: 52 – 65.

[149] Han M S, Masood K, Cudjoe D et al. Knowledge Hiding as the Dark Side of Competitive Psychological Climate [J]. Leadership & Organization Development Journal, 2021, 42 (2): 195 – 207.

[150] Hare R D. Comparison of Procedures for the Assessment of Psychopathy [J]. Journal of Consulting and Clinical Psychology, 1985, 53 (1): 7 – 16.

[151] Harms P D, Spain S M. Beyond the Bright Side: Dark Personality at Work [J]. Applied Psychology: An International Review, 2015, 64 (1): 15 – 24.

[152] Harrison A, Summers J, Mennecke B. The Effects of the Dark Triad on Unethical Behavior [J]. Journal of Business Ethics, 2016: 1 – 25.

[153] Hernaus T, Cerne M, Connelly C et al. Evasive Knowledge Hiding in Academia: When Competitive Individuals Are Asked to Collaborate [J]. Journal of Knowledge Management, 2019, 23 (4): 597 – 618.

[154] Herzberg F, Mausner B, Snyderman B B. The Motivation to Work [M]. New York: John Wiley, 1959.

[155] Higgins E T. Beyond Pleasure and Pain [J]. American Psychologist, 1997, 52 (12): 1280 – 1300.

[156] Hochwarter W A, Kacmar C, Perrewe P L et al. Perceived Organizational Support as a Mediator of the Relationship Between Politics Perceptions and Work Outcomes [J]. Journal of Vocational Behavior, 2003, 63 (3): 438 – 456.

[157] Holten A, Robert Hancock G, Persson R et al. Knowledge Hoarding: Antecedent or Consequent of Negative acts? The Mediating Role of Trust and Justice [J]. Journal of Knowledge Management, 2016, 20 (2): 215 – 229.

[158] Huo W, Cai Z, Luo J et al. Antecedents and Intervention Mechanisms: A Multi-level Study of R&D Team's Knowledge Hiding Behavior [J]. Journal of

Knowledge Management, 2016, 20 (5): 880 –897.

[159] Husted K, Michailova S. Diagnosing and Fighting Knowledge-Sharing Hostility [J]. Organizational Dynamics, 2002, 31 (1): 60 –73.

[160] Hutter K, Füller J, Hautz J et al. Machiavellianism or Morality: Which Behavior Pays Off in Online Innovation Contests? [J]. Journal of Management Information Systems, 2015, 32 (3): 197 –228.

[161] Jahanzeb S, Fatima T, Bouckenooghe D et al. The Knowledge Hiding Link: A Moderated Mediation Model of How Abusive Supervision Affects Employee Creativity [J]. European Journal of Work and Organizational Psychology, 2019, 28 (6): 810 –819.

[162] James L R, Demaree R G, Wolf G. Estimating Within-Group Interrater Reliability with and without Response Bias [J]. Journal of Applied Psychology, 1984, 69 (1): 85 –98.

[163] James L R. Aggregation Bias in Estimates of Perceptual Agreement [J]. Journal of Applied Psychology, 1982, 67 (2): 219 –229.

[164] Janz B D, Colquitt J A, Noe R A. Knowledge Worker Team Effectiveness: The Role of Autonomy, Interdependence, Team Development, and Contextual Support Variables [J]. Personnel Psychology, 1997, 50 (4): 877 –904.

[165] Jarvenpaa S L, Staples D S. Exploring Perceptions of Organizational Ownership of Information and Expertise [J]. Journal of Management Information Systems, 2001, 18 (1): 151 –183.

[166] Jarvenpaa S L, Staples D S. The Use of Collaborative Electronic Media for Information Sharing: An Exploratory Study of Determinants [J]. The Journal of Strategic Information Systems, 2000, 9 (2 –3): 129 –154.

[167] Jha J K, Varkkey B. Are You a Cistern or a Channel? Exploring Factors Triggering Knowledge-Hiding Behavior at the Workplace: Evidence from the Indian R&D Professionals [J]. Journal of Knowledge Management, 2018, 22 (4): 824 –849.

[168] Jiang Z, Hu X, Wang Z et al. Knowledge Hiding as a Barrier to Thriving: The Mediating Role of Psychological Safety and Moderating Role of Organization-

al Cynicism [J]. Journal of Organizational Behavior, 2019, 40 (7): 800 –818.

[169] Johnson P D, Shull A, Wallace J C. Regulatory Focus as a Mediator in Goal Orientation and Performance Relationships [J]. Journal of Organizational Behavior, 2011, 32 (5): 751 –766.

[170] Jonason P K, Li N P, Teicher E A. Who Is James Bond? The Dark Triad as an Agentic Social Style [J]. Individual Differences Research, 2010, 8 (2): 111 –120.

[171] Jonason P K, Webster G D. The Dirty Dozen: A Concise Measure of the Dark Triad [J]. Psychological Assessment, 2010, 22 (2): 420 –432.

[172] Kang Seung-Wan. Knowledge Withholding: Psychological Hindrance to the Innovation Diffusion within an Organisation [J]. Knowledge Management Research & Practice, 2016, 14 (1): 144 –149.

[173] Kankanhalli A, Tan B C, Wei K. Contributing Knowledge to Electronic Knowledge Repositories: An Empirical Investigation [J]. MIS Quarterly, 2005, 29 (1): 113 –143.

[174] Kark R, Van Dijk D. Motivation to Lead, Motivation to Follow: The Role of the Self-Regulatory Focus in Leadership Processes [J]. Academy of Management Review, 2007, 32 (2): 500 –528.

[175] Katzenbach J R, Smith D K. The Discipline of Teams [J]. Harvard Business Review, 1993, 71 (2): 111 –120.

[176] Khowlett K H. The Weekly Web Poll [N]. The Globe and Mail, 2006 –05 –12 (C1).

[177] Kim J W, Chock T M. Personality Traits and Psychological Motivations Predicting Selfie Posting Behaviors on Social Networking Sites [J]. Telematics and Informatics, 2017, 34 (5): 560 –571.

[178] Ko D, Dennis A R. Profiting from Knowledge Management: The Impact of Time and Experience [J]. Information Systems Research, 2011, 22 (1): 134 –152.

[179] Ko D. The Mediating Role of Knowledge Transfer and the Effects of Client-Consultant Mutual Trust on the Performance of Enterprise Implementation Projects

[J]. Information & Management, 2014, 51 (5): 541 - 550.

[180] Kohut H. The Analysis of the Self [M]. New York: International Universities Press, 1971.

[181] Koriat N, Gelbard R. Knowledge Sharing Motivation Among IT Personnel: Integrated Model and Implications of Employment Contracts [J]. International Journal of Information Management, 2014, 34 (5): 577 - 591.

[182] Labafi S. Knowledge Hiding as an Obstacle of Innovation in Organizations: A Qualitative Study of Software Industry [J]. AD-minister, 2017, 30: 131 - 148.

[183] Lanaj K, Chang C, Johnson R E. Regulatory Focus and Work-Related Outcomes: A Review and Meta-Analysis [J]. Psychological Bulletin, 2012, 138 (5): 998 - 1034.

[184] Landells E, Albrecht S L. Organizational Political Climate: Shared Perceptions about the Building and Use of Power Bases [J]. Human Resource Management Review, 2013, 23 (4): 357 - 365.

[185] Lewis K. Knowledge and Performance in Knowledge-Worker Teams: a Longitudinal Study of Transactive Memory Systems [J]. Management Science, 2004, 50 (11): 1519 - 1533.

[186] Li N, Barrick M R, Zimmerman R D et al. Retaining the Productive Employee: The Role of Personality [J]. Academy of Management Annals, 2014, 8 (1): 347 - 395.

[187] Liberman N, Idson L C, Camacho C J et al. Promotion and Prevention Choices Between Stability and Change [J]. Journal of Personality and Social Psychology, 1999, 77 (6): 1135 - 1145.

[188] Lilienfeld S O, Andrews B P. Development and Preliminary Validation of a Self-Report Measure of Psychopathic Personality Traits in Noncriminal Population [J]. Journal of Personality Assessment, 1996, 66 (3): 488 - 524.

[189] Lin T, Huang C. Withholding Effort in Knowledge Contribution: The Role of Social Exchange and Social Cognitive on Project Teams [J]. Information & Management, 2010, 47 (3): 188 - 196.

[190] Lioliou E, Zimmermann A, Willcocks L et al. Formal and Relational Governance in IT Outsourcing: Substitution, Complementarity and the Role of the Psychological Contract [J]. Information Systems Journal, 2014, 24 (6): 503 -535.

[191] Liu C C. The Relationship Between Machiavellianism and Knowledge Sharing Willingness [J]. Journal of Business and Psychology, 2008, 22 (3): 233 -240.

[192] Lu V N, Capezio A, Restubog S L D et al. In Pursuit of Service Excellence: Investigating the Role of Psychological Contracts and Organizational Identification of Frontline Hotel Employees [J]. Tourism Management, 2016, 56: 8 -19.

[193] Matzler K, Renzl B, Mooradian T et al. Personality Traits, Affective Commitment, Documentation of Knowledge, and Knowledge Sharing [J]. The International Journal of Human Resource Management, 2011, 22 (2): 296 -310.

[194] Men C, Fong P S, Huo W et al. Ethical Leadership and Knowledge Hiding: A Moderated Mediation Model of Psychological Safety and Mastery Climate [J]. Journal of Business Ethics, 2020, 166 (3): 461 -472.

[195] Michailova S, Husted K. Knowledge-Sharing Hostility in Russian Firms [J]. California Management Review, 2003, 45 (3): 59 -77.

[196] Mohrman S A, Cohen S G, Morhman A M. Designing Team-Based Organizations: New Forms for Knowledge Work [M]. San Francisco: Jossey-Bass Publications, 1995.

[197] Nerstad C G, Roberts G C, Richardsen A M. Achieving Success at Work: Development and Validation of the Motivational Climate at Work Questionnaire (MCWQ) [J]. Journal of Applied Social Psychology, 2013, 43 (11): 2231 -2250.

[198] Neubert M J, Kacmar K M, Carlson D S et al. Regulatory Focus as a Mediator of the Influence of Initiating Structure and Servant Leadership on Employee Behavior [J]. Journal of Applied Psychology, 2008, 93 (6): 1220 -1233.

[199] Nonaka I. A Dynamic Theory of Organizational Knowledge Creation [J]. Organization Science, 1994, 5 (1): 14 -37.

[200] O'Boyle E H Jr, Forsyth D R, Banks G C et al. A Meta - Analysis of

the Dark Triad and Work Behavior: A Social Exchange Perspective [J]. Journal of Applied Psychology, 2012, 97 (3): 557-579.

[201] O'Neill B S, Adya M. Knowledge Sharing and the Psychological Contract: Managing Knowledge Workers Across Different Stages of Employment [J]. Journal of Managerial Psychology, 2007, 22 (4): 411-436.

[202] Osterloh M, Frost J, Rota S. Solving Social Dilemmas: The Dynamics of Motivation in the Theory of the Firm [J]. University Zürich working paper, 2001: 1-41.

[203] Paal T, Bereczkei T. Adult Theory of Mind, Cooperation, Machiavellianism: The Effect of Mindreading on Social Relations [J]. Personality and Individual Differences, 2007, 43 (3): 541-551.

[204] Pan W, Zhang Q. A Study on Motivations of Graduate Students' Knowledge Hiding Based on Wuli-shili-renli System Approach [C]//Zhang F. Proceedings of the 2nd International Conference on Education, Management and Social Science, Pairs: Atlantis Press, 2014.

[205] Pandit N R. The Creation of Theory: A Recent Application of the Grounded Theory Method [J]. The Qualitative Report, 1996, 2 (4): 1-15.

[206] Partington D. Building Grounded Theories of Management Action [J]. British Journal of Management, 2000, 11 (2): 91-102.

[207] Paulhus D L, Williams K M. The Dark Triad of Personality: Narcissism, Machiavellianism, and Psychopathy [J]. Journal of Research in Personality, 2002, 36 (6): 556-563.

[208] Peng H. Counterproductive Work Behavior among Chinese Knowledge Workers [J]. International Journal of Selection and Assessment, 2012, 20 (2): 119-138.

[209] Peng H. Why and When Do People Hide Knowledge? [J]. Journal of Knowledge Management, 2013, 17 (3): 398-415.

[210] Peng J, Wang Z, Chen X. Does Self-Serving Leadership Hinder Team Creativity? A Moderated Dual-Path Model [J]. Journal of Business Ethics, 2019, 159 (2): 419-433.

[211] Pierce J L, Kostova T, Dirks K T. The State of Psychological Ownership: Integrating and Extending a Century of Research [J]. Review of General Psychology, 2003, 7 (1): 84 –107.

[212] Pierce J L, Kostova T, Dirks K T. Toward a Theory of Psychological Ownership in Organizations [J]. Academy of Management Review, 2001, 26 (2): 298 –310.

[213] Pierce J L, Rubenfeld S A, Morgan S. Employee Ownership: A Conceptual Model of Process and Effects [J]. Academy of Management Review, 1991, 16 (1): 121 –144.

[214] Podsakoff P M, Mackenzie S B, Lee J et al. Common Method Biases in Behavioral Research: A Critical Review of the Literature and Recommended Remedies [J]. Journal of Applied Psychology, 2003, 88 (5): 879 –903.

[215] Poon J M. Trust-in-Supervisor and Helping Coworkers: Moderating Effect of Perceived Politics [J]. Journal of Managerial Psychology, 2006, 21 (6): 518 –532.

[216] Pradhan S, Srivastava A, Mishra D K. Abusive Supervision and Knowledge Hiding: The Mediating Role of Psychological Contract Violation and Supervisor Directed Aggression [J]. Journal of Knowledge Management, 2019, 24 (2): 216 –234.

[217] Raja U, Johns G, Ntalianis F. The Impact of Personality on Psychological Contracts [J]. Academy of Management Journal, 2004, 47 (3): 350 –367.

[218] Rajput N, Talan A. Extrinsic and Intrinsic Motivations as Mediator of Big Five Personality and Knowledge Sharing [J]. Global Journal of Enterprise Information System, 2017, 9 (1): 13 –28.

[219] Rechberg I, Syed J. Ethical Issues in Knowledge Management: Conflict of Knowledge Ownership [J]. Journal of Knowledge Management, 2013, 17 (6): 828 –847.

[220] Rhee Young Won, Choi Jin Nam. Knowledge Management Behavior and Individual Creativity: Goal Orientations as Antecedents and In-Group Social Status as Moderating Contingency [J]. Journal of Organizational Behavior, 2017, 38 (6):

813 - 832.

[221] Righetti F, Kumashiro M. Interpersonal Goal Support in Achieving Ideals and Oughts: The Role of Dispositional Regulatory Focus [J]. Personality and Individual Differences, 2012, 53 (5): 650 - 654.

[222] Robinson S L, Kraatz M S, Rousseau D M. Changing Obligations and the Psychological Contract: A Longitudinal Study [J]. Academy of Management Journal, 1994, 37 (1): 137 - 152.

[223] Rosen C C, Levy P E, Hall R J. Placing Perceptions of Politics in the Context of the Feedback Environment, Employee Attitudes, and Job Performance. [J]. Journal of Applied Psychology, 2006, 91 (1): 211.

[224] Rousseau D M. Psychological and Implied Contracts in Organizations [J]. Employee Responsibilities and Rights Journal, 1989, 2 (2): 121 - 139.

[225] Rousseau D M. Psychological Contracts in the Workplace: Understanding the Ties that Motivate [J]. Academy of Management Perspectives, 2004, 18 (1): 120 - 127.

[226] Rousseau D M. Schema, Promise and Mutuality: The Building Blocks of the Psychological Contract [J]. Journal of Occupational and Organizational Psychology, 2001, 74 (4): 511 - 541.

[227] Sakalaki M, Richardson C, Thépaut Y. Machiavellianism and Economic Opportunism [J]. Journal of Applied Social Psychology, 2007, 37 (6): 1181 - 1190.

[228] Salancik G R, Pfeffer J. A Social Information Processing Approach to Job Attitudes and Task Design [J]. Administrative Science Quarterly, 1978, 23: 224 - 253.

[229] Scarbrough H. Knowledge as Work: Conflicts in the Management of Knowledge Workers [J]. Technology Analysis & Strategic Management, 1999, 11 (1): 5 - 16.

[230] Scholer A A, Higgins E T. Distinguishing Levels of Approach and Avoidance: An Analysis Using Regulatory Focus Theory [M]//Dlliot A J. Handbook of Approach and Avoidance Motivation, 2008: 489 - 503.

[231] Semerci A B. Examination of Knowledge Hiding with Conflict, Competition and Personal Values [J]. International Journal of Conflict Management, 2019, 30 (1): 111–131.

[232] Serenko A, Bontis N. Understanding Counterproductive Knowledge Behavior: Antecedents and Consequences of Intra-organizational Knowledge Hiding [J]. Journal of Knowledge Management, 2016, 20 (6): 1199–1224.

[233] Siemsen E, Roth A V, Balasubramanian S. How Motivation, Opportunity, and Ability Drive Knowledge Sharing: The Constraining-Factor Model [J]. Journal of Operations Management, 2008, 26 (3): 426–445.

[234] Singh S K. Territoriality, Task Performance, and Workplace Deviance: Empirical Evidence on Role of Knowledge Hiding [J]. Journal of Business Research, 2019, 97: 10–19.

[235] Škerlavaj M, Connelly C E, Cerne M et al. Tell Me if You Can: Time Pressure, Prosocial Motivation, Perspective Taking, and Knowledge Hiding [J]. Journal of Knowledge Management, 2018, 22 (7): 1489–1509.

[236] Smith M B, Wallace J C, Jordan P. When the Dark Ones Become Darker: How Promotion Focus Moderates the Effects of the Dark Triad on Supervisor Performance Ratings [J]. Journal of Organizational Behavior, 2016, 37 (2): 236–254.

[237] Soyer R B, Rovenpor J L, Kopelman R E. Narcissism and Achievement Motivation as Related to Three Facets of the Sales Role: Attraction, Satisfaction and Performance [J]. Journal of Business and Psychology, 1999, 14 (2): 285–304.

[238] Staw B M, Bell N E, Clausen J A. The Dispositional Approach to Job Attitudes: A Lifetime Longitudinal Test [J]. Administrative Science Quarterly, 1986, 31 (1): 56–77.

[239] Stenius M, Hankonen N, Ravaja N et al. Why Share Expertise? A Closer Look at the Quality of Motivation to Share or Withhold Knowledge [J]. Journal of Knowledge Management, 2016, 20 (2): 181–198.

[240] Strauss A, Corbin J M. Basics of Qualitative Research: Grounded Theory Procedures and Techniques [M]. Newbury Park: Sage, 1990.

［241］ Sun Y, Liu D, Wang N. A Three-way Interaction Model of Information Withholding: Investigating the Role of Information Sensitivity, Prevention Focus, and Interdependent Self-construal [J]. Data and Information Management, 2017, 1 (1): 61 – 73.

［242］ Tallman R R, Bruning N S. Relating Employees' Psychological Contracts to their Personality [J]. Journal of Managerial Psychology, 2008, 23 (6): 688 – 712.

［243］ Treadway D C, Adams G L, Goodman J M. The Formation of Political Sub-climates: Predictions from Social Identity, Structuration, and Symbolic Interaction [J]. Journal of Business and Psychology, 2005, 20 (2): 201 – 209.

［244］ Trusson C, Hislop D, Doherty N F. The Rhetoric of "Knowledge Hoarding": A Research-based Critique [J]. Journal of Knowledge Management, 2017, 21 (6): 1540 – 1558.

［245］ Tsay C H, Lin T, Yoon J et al. Knowledge Withholding Intentions in Teams: The Roles of Normative Conformity, Affective Bonding, Rational Choice and Social Cognition [J]. Decision Support Systems, 2014, 67: 53 – 65.

［246］ von der Trenck A. "It's mine." The Role of Psychological Ownership and Territoriality in Knowledge Hiding [C]//Carte T, Heinzl A, Urquhart, C. Proceedings of the 35th International Conference on Information Systems, 2015.

［247］ Wallace C, Chen G. A Multilevel Integration of Personality, Climate, Self-Regulation, and Performance [J]. Personnel Psychology, 2006, 59 (3): 529 – 557.

［248］ Wang C, Zhou Z, Jin X et al. The Influence of Affective Cues on Positive Emotion in Predicting Instant Information Sharing on Microblogs: Gender as a Moderator [J]. Information Processing & Management, 2017, 53 (3): 721 – 734.

［249］ Wang S, Noe R A. Knowledge Sharing: A Review and Directions for Future Research [J]. Human Resource Management Review, 2010, 20 (2): 115 – 131.

［250］ Wang Y, Han M S, Xiang D et al. The Double-Edged Effects of Perceived Knowledge Hiding: Empirical Evidence from the Sales Context [J]. Journal of

Knowledge Management, 2019, 23 (2): 279-296.

[251] Wang Y, Lin H, Li C et al. What Drives Students' Knowledge-Withholding Intention in Management Education? An Empirical Study in Taiwan [J]. Academy of Management Learning & Education, 2014, 13 (4): 547-568.

[252] Wasko M M, Faraj S. "It is What One Does": Why People Participate and Help Others in Electronic Communities of Practice [J]. The Journal of Strategic Information Systems, 2000, 9 (2-3): 155-173.

[253] Webster J, Brown G, Zweig D et al. Beyond Knowledge Sharing: Withholding Knowledge at Work [M]//Martocchio J J. Research in Personnel and Human Resources Management, Bradford: Emerald Group Publishing, 2008: 1-37.

[254] Weng Q, Latif K, Khan A K et al. Loaded with Knowledge, yet Green with Envy: Leader-Member Exchange Comparison and Coworkers-Directed Knowledge Hiding Behavior [J]. Journal of Knowledge Management, 2020, 24 (7): 1653-1680.

[255] Wood W, Eagly A H. A Cross-Cultural Analysis of the Behavior of Women and Men: Implications for the Origins of Sex Differences [J]. Psychological Bulletin, 2002, 128 (5): 699-727.

[256] Woodruffe C. Winning the Talent War: A Strategic Approach to Attracting, Developing, and Retaining the Best People [M]. New York: John Wiley and Sons, 1999.

[257] Yao Z, Luo J, Zhang X. Gossip is a Fearful Thing: The Impact of Negative Workplace Gossip on Knowledge Hiding [J]. Journal of Knowledge Management, 2020, 24 (7): 1755-1775.

[258] Yao Z, Zhang X, Luo J et al. Offense is the Best Defense: The Impact of Workplace Bullying on Knowledge Hiding [J]. Journal of Knowledge Management, 2020, 24 (3): 675-695.

[259] Zagenczyk T J, Restubog S L D, Kiewitz C et al. Psychological Contracts as a Mediator Between Machiavellianism and Employee Citizenship and Deviant Behaviors [J]. Journal of Management, 2014, 40 (4): 1098-1122.

[260] Zhang X, Jiang J Y. With Whom Shall I Share My Knowledge? A Recipient Perspective of Knowledge Sharing [J]. Journal of Knowledge Management, 2015, 19 (2): 277-295.

[261] Zhang Z, Min M. The Negative Consequences of Knowledge Hiding in NPD Project Teams: The Roles of Project Work Attributes [J]. International Journal of Project Management, 2019, 37 (2): 225-238.

[262] Zhang Z, Zyphur M J, Preacher K J. Testing Multilevel Mediation Using Hierarchical Linear Models: Problems and Solutions [J]. Organizational Research Methods, 2009, 12 (4): 695-719.

[263] Zhao H, Liu W, Li J et al. Leader-Member Exchange, Organizational Identification, and Knowledge Hiding: The Moderating Role of Relative Leader-Member Exchange [J]. Journal of Organizational Behavior, 2019, 40 (7): 834-848.

[264] Zhao H, Xia Q, He P et al. Workplace Ostracism and Knowledge Hiding in Service Organizations [J]. International Journal of Hospitality Management, 2016, 59: 84-94.

[265] Zhao H, Xia Q. An Examination of the Curvilinear Relationship Between Workplace Ostracism and Knowledge Hoarding [J]. Management Decision, 2017, 55 (2): 331-346

[266] Zhao H, Xia Q. Nurses' Negative Affective States, Moral Disengagement, and Knowledge Hiding: The Moderating Role of Ethical Leadership [J]. Journal of Nursing Management, 2019, 27 (2): 357-370.